Michael König

LECKER HOCH 5

80 Lieblingsrezepte, 5 Varianten, 400 Mal lecker

 Olivia Verlag

Michael König

LECKER HOCH 5

80 Lieblingsrezepte, 5 Varianten,

400 Mal lecker

leckerhoch5.de

INHALT

3 HAUPTGERICHTE

4 BEILAGEN & SNACKS

5 SAUCEN

LIEBE KOCHFREUNDE,

als mich der Olivia Verlag um ein Konzept für ein Kochbuch mit 80 Gerichten in je fünf Varianten bat, hatte ich gemischte Gefühle. Einerseits war ich begeistert, eine Marktlücke füllen zu dürfen, andererseits hatte ich großen Respekt vor diesem Riesenprojekt.

Leicht verzweifelt erzählte ich Freunden von dem neuen Vorhaben, und viele sagten spontan ihre Unterstützung zu. Dank meiner elf Kochhelden haben wir die 400 Gerichte an sechs Shooting-Tagen gekocht, fotografiert und gemeinsam gegessen. Aus dieser Teamarbeit ist eines meiner schönsten Bücher entstanden. Ich hoffe, Sie haben beim Nachkochen genauso viel Freude wie wir.

Und wenn Sie eine Idee für eine weitere Variante zu unseren Gerichten haben, schreiben Sie sie doch gleich direkt ins Buch. Das geht auf dem Naturpapier besonders leicht. Außerdem haben wir auf jeder Rezeptseite extra Platz dafür freigehalten.

Besuchen Sie uns auch gern auf leckerhoch5.de. Hier erfahren Sie mehr über die Kochhelden, finden weitere Rezeptideen und Kochvideos und können Ihre eigenen Varianten mit uns teilen.

Viel Spaß beim Kochen und Genießen wünscht

Ihr Michel König

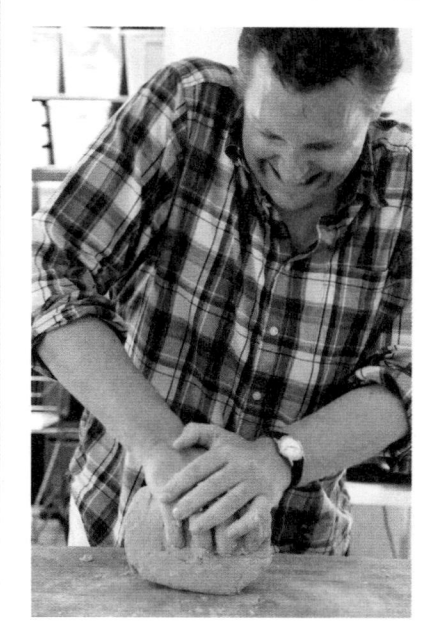

GUT ZU WISSEN ...

BASICS

Fertigprodukte
Nach Möglichkeit bereiten Sie alle Zutaten, z. B. Gemüsebrühe und Tomatenketchup, selbst zu. Wenn es schnell gehen muss, reichen auch Fertigprodukte.

Fleisch & Fisch
Brauchen Sie vor der Zubereitung nicht zu waschen. Dadurch vermeiden Sie die Verbreitung von möglichen Keimen, und das Lebensmittel wird nicht unnötig gewässert. Sehnen, Knochen und Gräten entfernen.

Gemüse, Salate & Obst
Vor der Zubereitung die Lebensmittel säubern, waschen, trocknen, schälen, entkernen, pellen etc. Aus Platzgründen wird hierauf in den Rezepten verzichtet.

Gewürze
Wenn sie nicht als „frisch" bezeichnet sind, handelt es sich um getrocknete Gewürze. Soweit möglich Gewürze mit der Mühle mahlen. Das Gericht zum Ende noch einmal mit Gewürzen abschmecken.

Ofentemperatur
Sofern nicht anders angegeben, verwenden Sie zum Garen im Ofen Umluft. Wer lieber mit Ober-/Unterhitze backt, erhöht die angegebene Temperatur um 20 °C. Um die benötigte Temperatur zum richtigen Zeitpunkt zu erhalten, heizen Sie den Ofen rechtzeitig vor. Im Buch wird auf entsprechende Hinweise aus Platzgründen verzichtet.

Portionsgröße
Die Gerichte sind auf 4 Erwachsene ausgelegt.

Salz & Pfeffer
Wir empfehlen Meersalz und schwarzen Pfeffer, frisch gemahlen aus der Mühle. Bei diesen Grundgewürzen verzichten wir auf Mengenangaben und überlassen es Ihnen, wie salzig und scharf Sie es mögen.

Tiefkühlkost
Sofern nicht anders beschrieben, tauen Sie tiefgekühlte Kost vor Verwendung auf.

Zutatenangaben
Die Zutaten sind mengenmäßig genau angegeben und beziehen sich auf den verwertbaren Teil, d. h. ohne Schale, Kern, Abtropfwasser etc. Hiervon abweichend sind z. B. die Butter zum Einfetten der Auflaufform, das Mehl zur Vorbereitung der Arbeitsfläche und das Wasser zum Auffüllen von Suppen in der Zutatenliste nicht enthalten, sondern werden als in der Küche vorhanden vorausgesetzt.

VORBEREITUNG VON GEMÜSE UND OBST

Ananas
Grüne Blätter abschneiden und die Ananas großzügig schälen. Strunk und die noch verbleibenden Augen herausschneiden.

Apfel, Aprikose, Birne & Pfirsich
Waschen oder dünn schälen. Kerngehäuse entfernen.

Auberginen
Waschen, aufschneiden, gut salzen und ca. 30 Min. Wasser ziehen lassen. Überschüssiges Wasser abgießen und die Auberginen trocken tupfen.

Avocado
Mit dem Messer halbieren, Fruchtfleisch mit einem Löffel aus der Schale lösen und entkernen.

Blumenkohl & Brokkoli
Äußere Blätter entfernen, dann waschen. Röschen vom Strunk schneiden. Wenn der Strunk verwendet wird, diesen kreuzweise einschneiden, sodass er beim Blanchieren schneller gart.

Chili- & Paprikaschote
Waschen, vierteln und das Kerngehäuse entfernen.

Frühlingszwiebeln & Lauch
Oberen Teil der dunkelgrünen Blätter und das Wurzelende abschneiden. Lauch der Länge nach einschneiden und gründlich zwischen den Blättern waschen.

Granatapfel
In 2 Hälften teilen, mit dem Kochlöffel solange auf die Schale klopfen, bis sich die glibberigen Kerne von selbst lösen. Weiße Fruchthäute entfernen.

Gurken
Waschen oder schälen. Ggf. das Kerngehäuse mit einem Löffel entfernen, damit die Gurke kein Wasser zieht.

Kartoffeln
Waschen oder schälen.

Knoblauch & Zwiebel
Schälen und Enden abschneiden.

Knollensellerie
Schälen, das Wurzelwerk und bräunliche Stellen dabei entfernen.

Kräuter
Waschen, trocken schütteln und entweder mit Stiel bzw. Zweig verwenden oder Blättchen bzw. Nadeln abzupfen.

Kürbis
Hokkaido nur waschen. Andere Sorten wie Butternusskürbis schälen. Halbieren, das Kerngehäuse mit einem Löffel heraustrennen und fasriges Fruchtfleisch entfernen.

Mango
Schälen, quer in 2 Hälften schneiden und das Fruchtfleisch vom Kern lösen.

Melone
Halbieren, großzügig schälen und festes Fruchtfleisch entfernen. Ggf. Kerne mit einem Löffel herauslösen.

Möhren, Pastinaken & Petersilienwurzeln
Waschen, dünn schälen und die Enden abschneiden.

Pilze
Nach Möglichkeit nicht waschen, sondern nur mit einem Pinsel gründlich säubern. Strunk abschneiden.

Radieschen
Waschen und Enden abschneiden.

Rhabarber & Staudensellerie
Waschen, die Enden abschneiden und ggf. fasrige Haut mit einem Messer abziehen.

Rote Bete
Wasser mit 1 TL Salz, 1 TL Zucker und 1 TL Butter und je nach Geschmack mit 1 Zitronen- oder Orangenschale, 1 Lorbeerblatt und Wacholderbeeren in einem Topf zum Kochen bringen und die Rote Beten je nach Größe 45–60 Min. bissfest garen. Abgießen und die Knollen mit Einweghandschuhen pellen.

Salate
Salatköpfe (Kopfsalat, Chicorée, Radicchio etc.) vor dem Waschen vom Strunk entfernen. Übrige Salate (Rucola, Blattspinat, Mangold etc.) direkt waschen.

Spargel
Schälen (weißen Spargel komplett, grünen Spargel im unteren Drittel), holzige Enden abschneiden. Wasser mit 2 TL Salz, 1 TL Zucker, 1 Spritzer Zitronensaft und 1 TL Butter in einem großen Topf zum Kochen bringen und Spargel bei mittlerer Hitze ca. 15 Min. bissfest garen.

Tomaten
Waschen und den Stielansatz entfernen. Ggf. entkernen und den Saft leicht ausdrücken.

Wirsing
Halbieren, Blätter vom Strunk trennen und waschen.

BESONDERE ZUTATEN

**Aceto Balsamico &
Balsamico Bianco**
Verwenden Sie hochwertige Balsamessige, da sie vom Geschmack intensiver als herkömmliche Essige sind.

Calamaretti
Kleine Tintenfische, die in der mediterranen und asiatischen Küche weit verbreitet sind. Zur Vorbereitung putzen, Chitin und Innereien aus den Tuben entfernen. Diese längs aufschneiden und waschen.

Chorizo
Feste, grobkörnige Schweinewurst aus Spanien und Portugal, die mit Paprika und Knoblauch gewürzt ist.

Fleur de Sel
Die groben Körner der Salzblüte verleihen Gerichten ein besonders feines Aroma. Passt z. B. zu frischen Blattsalaten, gebratenem Fisch, Kartoffeln und Blechgemüse.

Granatapfel
Exotische Frucht mit vielen Ballaststoffen, Kalium und Vitamin C. Die Kerne des Granatapfels passen gut zu Salaten und Desserts.

Pul Biber
Rote oder schwarze Chiliflocken, die es im türkischen Lebensmittelladen zu kaufen gibt. In diesem Buch wird der mildere rote Pul Biber verwendet.

Ras el-Hanout
Wörtlich: „Kopf des Ladens". Eine nordafrikanische Mischung aus ca. 25 Gewürzen, deren Zusammensetzung der Überlieferung nach nur der „Chef des Gewürzladens" herzustellen vermag. Zutaten sind Anis, Chili, Galgant, Ingwer, Kardamom, Muskat, Nelke und Zimt. Passt u. a. zu Couscous und Fleischgerichten.

KOCHMETHODEN

Ablöschen
Angebratenes Fleisch oder Gemüse mit Flüssigkeit begießen, um den Bratensatz in der Pfanne oder im Topf zu lösen.

Abschrecken
Blanchiertes Gemüse schnell abkühlen, um den Garvorgang abzubrechen.

Aufschlagen
Zutaten wie Eier oder Sahne mit einem Schneebesen oder Handmixer zu einer cremigen Masse schlagen.

Backen (Garprobe)
Holzstäbchen in die Mitte des Kuchens bzw. Muffins stechen und beim Herausziehen prüfen, ob flüssiger Teig daran klebt. Falls ja, weiterbacken.

Blanchieren
Gemüse in Salzwasser kurze Zeit kochen, sodass es Farbe und Biss behält.

Braten
Fleisch oder Gemüse bei hohen Temperaturen in Pfanne, Topf oder Ofen mit oder ohne Fett garen.

Dünsten
Gemüse oder Obst bei mittlerer Hitze in einer Pfanne oder im Topf mit wenig Fett garen.

Filetieren
Unerwünschte Teile herausschneiden, z. B. Knochen und Sehnen vom Fleisch, Gräten vom Fisch oder Haut und Adern von Orangen.

Häuten (Tomaten)
Tomaten kreuzweise die oberste Hautschicht einschlitzen, in einem Topf mit siedendem Wasser max. 1 Min. garen, abschrecken und Haut mit einem scharfen Messer abziehen.

Karamellisieren
Zucker unter ständigem Rühren am besten mit einem Holzlöffel schmelzen und bräunen.

Kochen (Garzeiten)
In Salzwasser gar kochen: frische Nudeln (3–5 Min.), weiches Gemüse (6–8 Min.), Nudeln und Eier (8–10 Min.), festes Gemüse (10–15 Min.), Reis (10–20 Min.) und Kartoffeln (15–20 Min.).

Passieren
Saucen, Suppen oder Pürees durch ein Sieb drücken, sodass unerwünschte Bestandteile wie Gemüsestücke, Knochen, Gewürze etc. aufgefangen werden.

Rösten
Nüsse und Kerne (z. B. Haselnüsse, Kürbiskerne, Mandeln, Pinienkerne, Pistazien, Sonnenblumenkerne, Walnusskerne) unter Rühren in einer beschichteten Pfanne ohne Fett bei mittlerer Hitze braten, bis sie gebräunt sind.

Schmoren
Fleisch und Gemüse nach kurzem Anbraten und Ablöschen mit Flüssigkeit garen.

Trennen (Ei)
Methode 1: Eigelb von einer Schalenhälfte in die andere füllen und dabei das Eiweiß in einer Schüssel auffangen.
Methode 2: Ei in eine Schüssel aufschlagen. Eine leere Plastikflasche zusammendrücken, Öffnung an das Eigelb halten, die Hand öffnen und dabei das Eigelb in die Flasche saugen.

Unterheben/Unterziehen
Eischnee, Sahne oder andere Zutaten vorsichtig mit einer Creme, einem Kuchenteig, einem Salat etc. mischen ohne dabei die Struktur zu zerstören.

Wasserbad
Metallschüssel auf einen Topf mit kochendem Wasser setzen und darin z. B. Schokolade schmelzen oder Eier schaumig schlagen.

ABKÜRZUNGEN

EL	gestrichener Esslöffel
°C	Grad Celsius
g	Gramm
kg	Kilogramm
l	Liter
Min.	Minuten
mind.	mindestens
ml	Milliliter
Msp.	Messerspitze
Pck.	Päckchen
Pr.	Prise
Std.	Stunde
TK	Tiefkühl
TL	gestrichener Teelöffel

KARTOFFELSALAT 16

- Norddeutscher Kartoffelsalat
- Bayrischer Kartoffelsalat
- Steirischer Kartoffelsalat
- Mediterraner Ofenkartoffelsalat
- Pikanter Süßkartoffelsalat

MÖHRENSALAT 18

- Möhren-Apfel-Salat
- Andalusischer Möhrensalat
- Waldorf-Möhren-Salat
- Rote Linsen-Möhren-Salat
- Orientalischer Möhrensalat mit Kichererbsen

CAESAR SALAD 20

- Caesar Salad
- Caesar Salad mit Lammfilet
- Caesar Salad mit Tomaten und Speck
- Caesar Salad mit Garnelen
- Caesar Salad mit Hähnchenbrust

TOMATENSALAT 22

- Tomaten-Kräuter-Salat
- Tomaten-Wassermelonen-Salat
- Kirschtomaten-Mozzarella-Salat
- Tomaten-Thunfisch-Salat mit Weißen Bohnen
- Tomaten-Spargel-Salat mit Avocado

NUDELSALAT 24

- Nudelsalat
- Nudelsalat Mediterran
- Nudelsalat Caprese
- Nudelsalat Antipasti
- Nudelsalat mit Huhn

GURKENSALAT 26

- Gurken-Dill-Salat
- Gurken-Avocado-Salat mit Dicken Bohnen
- Griechischer Gurken-Tomaten-Salat
- Toskanischer Brotsalat
- Gurken-Melonen-Salat mit Minze

COUSCOUS-SALAT 28

- Tabbouleh
- Granatapfel-Couscous-Salat
- Couscous-Salat mit Datteln und Mandeln
- Aprikosen-Couscous-Salat
- Blumenkohl-Couscous-Salat

ROTE-BETE-SALAT 30

- Rote Bete-Salat mit Birne und Nüssen
- Rote-Bete-Salat mit Orange und Weißen Bohnen
- Rote-Bete-Carpaccio mit Trauben und Schafskäse
- Rote-Bete-Salat mit Forelle und Meerrettichquark
- Rote-Bete-Bulgur-Salat mit Kichererbsen

BLATTSALAT 32

- Kopfsalat mit Joghurt-Dressing
- Sommersalat mit Beeren, Avocado und Ziegenkäse
- Friséesalat mit Kichererbsen, Orangen und Feta
- Frühlingssalat mit Spargel, Parma und Ei
- Kopfsalat mit Lachs, Ananas und Avocado

FELDSALAT, RUCOLA & CO. 34

- Feldsalat mit Speck und Kartoffeldressing
- Feldsalat mit Entenbrust und Mango
- Mangold-Spinat-Salat mit Roter Bete und Cranberries
- Salat mit Pilzen, Maronen und Ziegenkäse
- Rucola mit Ofenkartoffeln, Paprika und Oliven

SALATE

KARTOFFELSALAT

NORDDEUTSCHER KARTOFFELSALAT

700 g kleine festkochende Kartoffeln /
200 ml Gemüsebrühe (S. 38) / 3 Eier /
100 g Cornichons im Glas /
150 g Schmand / 100 g Delikatess-
Mayonnaise / 50 g Joghurt / Salz /
Pfeffer / 1 Bund Schnittlauch

Kartoffeln mit Schale ca. 20 Min. in Salzwasser garen, abgießen und abkühlen
lassen. Pellen, in ca. 0,5 cm dicke Scheiben
schneiden und in einer großen Schüssel
mit Brühe übergießen.

Eier hart kochen, pellen und klein
würfeln. Cornichons abtropfen lassen,
den Sud dabei auffangen. Cornichons in
dünne Scheiben schneiden. Beides zu
den Kartoffeln geben.

Für das Dressing Schmand, Mayonnaise, Joghurt und 4 EL Gurkensud
mischen. Salzen und pfeffern. Mit Salat
vermengen und mind. 30 Min. durchziehen lassen. Schnittlauch fein hacken
und darüber streuen.

BAYRISCHER KARTOFFELSALAT

700 g kleine festkochende Kartoffeln / 200 ml Gemüsebrühe
(S. 38) / 4 EL Weißweinessig /
1 TL scharfer Senf / Salz / Pfeffer / 1 Mini-Salatgurke / 1 Bund
Radieschen / 2 rote Zwiebeln /
1 Bund Schnittlauch / 4 EL Rapsöl

Kartoffeln mit Schale ca. 20 Min. in
Salzwasser garen, abgießen und abkühlen lassen. Pellen, in ca. 0,5 cm
dicke Scheiben schneiden und in
eine große Schüssel legen.

Brühe mit Essig, Senf, Salz und
Pfeffer würzen, über die Kartoffeln
gießen und umrühren. Zugedeckt
60 Min. ziehen lassen.

Gurke und Radieschen in feine
Scheiben schneiden. Zwiebeln und
Schnittlauch klein hacken. Alles zu
den Kartoffeln geben und mit dem
Öl untermischen.

STEIRISCHER KARTOFFELSALAT

700 g kleine festkochende
Kartoffeln / 1 Zwiebel / 4 EL
Weißweinessig / 4 EL Rapsöl /
1 TL Senf / Salz / Pfeffer /
200 ml Gemüsebrühe (S. 38) /
50 g Kürbiskerne / 250 g Feldsalat / 2 EL Kürbiskernöl

Kartoffeln mit Schale ca. 20 Min. in
Salzwasser garen, abgießen und abkühlen lassen. Pellen, in ca. 0,5 cm
dicke Scheiben schneiden und in
eine große Schüssel legen.

Zwiebel klein hacken, mit Essig,
Rapsöl, Senf, Salz, Pfeffer und der
Brühe vermischen und über die
Kartoffeln gießen. Gut vermengt
und zugedeckt mind. 60 Min. ziehen lassen. Kürbiskerne rösten
und mit dem Feldsalat unter den
Kartoffelsalat heben. Kürbiskernöl
darüber gießen.

MEIN ♥-REZEPT

MEDITERRANER OFENKARTOFFELSALAT

700 g Rosmarinkartoffeln (S. 99) / 6 EL Salsa
verde (S. 152) / 300 g grüne Prinzess-Bohnen /
Salz / Pfeffer / 6 frische küchenfertige Calamaretti
(à ca. 40 g) / 2 EL Olivenöl / 1 rote Chilischote /
2 Knoblauchzehen / ½ Zitrone / 1 Handvoll
frischer Rucola

Rosmarinkartoffeln und Salsa verde miteinander
vermengen. Bohnen in Salzwasser 10 Min. kochen,
zu den Kartoffeln geben, durchmischen und mit Salz
und Pfeffer würzen.

Calamaretti in Ringe schneiden und in einer
großen Pfanne mit Öl 1 Min. scharf anbraten. Chilischote in Ringe schneiden, Knoblauch fein hacken.
Beides zugeben. Zitrone hineinpressen und alles
gut durchschwenken. Calamaretti mit den Kartoffeln
und dem Rucola vermengen.

PIKANTER SÜSSKARTOFFELSALAT

2 Süßkartoffeln / 2 Knoblauchzehen / 200 g Chorizo /
8 EL Olivenöl / Salz / Pfeffer / 1 Pr. Zimt / 12 reife
Kirschtomaten / 3 Frühlingszwiebeln / 4 EL Balsamico
Bianco / 1 TL Senf / 1 TL Honig

Süßkartoffeln in ca. 1,5 cm große Würfel schneiden.
Knoblauchzehen vierteln. Chorizo in Scheiben schneiden. Alles auf einem Backblech verteilen, mit 4 EL Öl
beträufeln und mit Salz, Pfeffer und Zimt würzen. Im
Ofen 15 – 20 Min. bei 200 °C garen.

Tomaten halbieren, Frühlingszwiebeln in Ringe
schneiden. Für die Vinaigrette Essig, Senf, Honig, Salz
und Pfeffer verquirlen. 4 EL Öl langsam unterschlagen.
Alle Zutaten mischen.

MÖHRENSALAT

WALDORF-MÖHREN-SALAT

2 Äpfel / 500 g Möhren / 250 g
Knollensellerie / 1 Zitrone /
2 Frühlingszwiebeln / 6 Walnüsse / 1 Pr. Rohrohrzucker /
100 g Delikatess-Mayonnaise /
50 g Joghurt / Salz / Pfeffer /
1 TL rosa Pfefferkörner

MÖHREN-APFEL-SALAT

500 g Möhren / 3 kleine Äpfel
(z. B. Elstar, Braeburn) / 1 Zitrone /
2 EL Rapsöl / 1 Pr. Rohrohrzucker /
Salz / Pfeffer / 2 EL Sonnenblumenkerne

Möhren und Äpfel zu feinen Stiften
hobeln und in eine Schüssel geben. Zitrone darüber auspressen. Öl und Zucker hinzugeben und alles umrühren.
Zugedeckt mind. 2 Std. im Kühlschrank ziehen lassen.

Salat mit Salz und Pfeffer abschmecken. Sonnenblumenkerne in
einer Pfanne rösten und über den
Salat streuen.

ANDALUSISCHER MÖHRENSALAT

500 g Möhren / 200 ml Gemüsebrühe
(S. 38) / 2 Knoblauchzehen / 4 EL
Weißweinessig / 4 EL Olivenöl /
Salz / Pfeffer / 4 Zweige Oregano /
1 TL edelsüßes Paprikapulver /
1 TL Kreuzkümmel

Möhren schälen und leicht schräg
in dünne Scheiben schneiden. Brühe
aufkochen, Möhren zugeben und
zugedeckt ca. 8 Min. bissfest garen.
Danach in eine Schüssel geben.

Knoblauch sehr fein hacken, mit
Essig, Öl, Salz, Pfeffer und den Gewürzen zu den Möhren geben, verrühren
und zugedeckt mind. 2 Std. ziehen
lassen. Den Salat gelegentlich durchmischen.

Äpfel mit Schale, Möhren und Sellerie zu Stiften hobeln und in eine
Schüssel geben. Zitrone darüber
auspressen.

Frühlingszwiebeln in feine
Ringe schneiden. Walnusskerne
hacken und in einer Pfanne rösten.
Beides dazugeben und mit Zucker
bestreuen.

Mayonnaise mit Joghurt mischen, salzen, pfeffern und mit dem
Salat vermengen. Zugedeckt im
Kühlschrank mind. 2 Std. durchziehen lassen. Die Pfefferkörner grob
mahlen und über den Salat streuen.

ROTE LINSEN-MÖHREN-SALAT

500 g Rote Linsen / 4 EL Balsamico Bianco / 6 EL Olivenöl / 2 rote Zwiebeln / 1 Pr. Rohrohrzucker /
1 Schuss Likör (z. B. Marsala, Sherry) / 60 g Cranberries / 4 Möhren / 2 Äpfel / 5 Stiele glatte Petersilie /
½ Zitrone / Salz / Pfeffer

Linsen in kochendem Wasser 12–15 Min. bissfest garen.
In eine Schüssel geben, mit 2 EL Essig und 2 EL Öl
marinieren.

   Zwiebeln würfeln und in einer Pfanne mit 2 EL Öl
glasig dünsten, mit Zucker karamellisieren und mit
Likör ablöschen. Cranberries hacken und mit den Zwiebeln zu den Linsen geben.

   Möhren in feine Streifen hobeln, Äpfel mit Schale in
kleine Würfel schneiden. Petersilienblätter hacken. Alles
mit den Linsen vermengen. Zitrone darüber auspressen,
2 EL Essig und 2 EL Öl zufügen. Salat vermengen und
mit Salz und Pfeffer abschmecken.

ORIENTALISCHER MÖHRENSALAT MIT KICHERERBSEN

4 Möhren / 4 Schalotten / 1 Bio-Orange, Saft und 3 Streifen
Schale / 6 EL Olivenöl / 1 Pr. Rohrohrzucker / Salz / Pul Bi-
ber / 2 EL Rosinen / 3 Zweige Minze / 3 EL Sesam / 1 Dose
Kichererbsen (400 g) / 1 EL Weißweinessig

Möhren schräg in Scheiben schneiden. Schalotten fein würfeln.
Einen Streifen Orangenschale abziehen. Alles in einer Pfanne
mit 2 EL Öl andünsten. Mit Zucker karamellisieren, mit Salz
und Pul Biber würzen und die Orange darüber auspressen. Bei
geringer Hitze zugedeckt unter Rühren 8 Min. garen, bei Bedarf
Wasser zufügen.

   Orangenschale herauslesen und mit den Rosinen und Minzblättchen fein hacken. Sesam in einer Pfanne rösten.

   Alles zusammen mit den Kichererbsen und unter Zugabe
von Essig und 4 EL Öl vermengen.

MEIN ♥-REZEPT

CAESAR SALAD

CAESAR SALAD

2 kleine Köpfe Römersalat / 2 Knoblauchzehen / 6 Sardellenfilets / 100 g Parmesan / ½ Zitrone / 2 Eier / 250 ml Olivenöl /
2 TL Worcestersauce / 1 TL Zucker / Salz / Pfeffer / 100 g Weißbrot / 25 g Butter / 2 Korianderstängel

Salatherzen und hellgrüne Blätter zerkleinern. Knoblauch und Sardellen fein hacken. 50 g Parmesan reiben, 50 g Parmesan hobeln.
Zitrone auspressen.

Eier trennen, Eigelbe in einer Schüssel mit Zitronensaft verrühren. Das Öl im dünnen Strahl mit einem Schneebesen unterrühren. Knoblauch, geriebenen Parmesan, Sardellen und
Worcestersauce hinzugeben und mit Zucker, Salz und Pfeffer abschmecken. Dressing mit dem Salat in einer Schale vermischen.

Brot würfeln, in einer Pfanne mit Butter goldbraun rösten und
mit den Korianderblättern und den Parmesanhobel über den Salat
geben.

CAESAR SALAD MIT LAMMFILET

1 Chilischote / 1 Knoblauchzehe / ¼ Zimtstange /
1 EL Koriandersamen / 1 EL schwarze Pfefferkörner / 1 Limette / 80 ml Olivenöl / 400 g Lamm-
filets / Caesar Salad

Chilischote und Knoblauchzehe fein hacken. Zimtstange, Koriandersamen und Pfefferkörner in einem
Mörser zermahlen. Limette auspressen. Alles mit
50 ml Öl vermischen und mit den Filets in einem
Gefrierbeutel mind. 4 Std. (am besten über Nacht)
im Kühlschrank lagern.

Caesar Salad zubereiten. Fleisch bei starker Hitze
3 Min. in einer Pfanne mit 30 ml Öl anbraten und
10 Min. im Ofen bei 140 °C fertig garen. Danach in
Scheiben schneiden und mit den Croûtons, den Korianderblättern und Parmesanhobeln auf dem Salat
anrichten.

MEIN ♥-REZEPT

CAESAR SALAD MIT TOMATEN UND SPECK

Caesar Salad / 1 TL Dijon-Senf / 2 EL Weißweinessig / 12 Kirschtomaten / 100 g durchwachsener Speck

Caesar Salad zubereiten. Zusätzlich Senf und Essig in das Dressing geben und verrühren. Tomaten halbieren und mit dem Salat in einer Schale vermischen.

Speck in dünne Scheiben schneiden und in der Pfanne knusprig anbraten. Mit den Croûtons, den Korianderblättern und den Parmesanhobeln auf dem Salat verteilen.

CAESAR SALAD MIT GARNELEN

Caesar Salad / 12 Kirschtomaten / ½ Zitrone / 2 Knoblauchzehen / 50 ml Olivenöl / 3 Zweige Thymian / 1 Zweig Rosmarin / 200 g TK-Riesengarnelen (ohne Schale) / 100 ml Weißwein / Meersalz / Pfeffer

Caesar Salad zubereiten. Tomaten halbieren und mit dem Salat in einer Schale vermischen.

Zitrone auspressen. Knoblauchzehen vierteln und mit dem Öl, den Gewürzzweigen und den Garnelen in einer Pfanne ca. 4 Min. sanft anbraten. Mit dem Zitronensaft beträufeln und dem Weißwein ablöschen. Salzen und pfeffern. Die Garnelen mit den Croûtons, den Korianderblättern und Parmesanhobeln auf dem Salat anrichten.

CAESAR SALAD MIT HÄHNCHENBRUST

Caesar Salad / 2 TL Currypulver / 2 EL Weißweinessig / 2 Zweige Rosmarin / 30 ml Olivenöl / Fleur de Sel / Pfeffer / 4 Hähnchenbrustfilets (je 150 g) / 4 Eier

Caesar Salad zubereiten. Das Dressing mit Currypulver und Essig verfeinern. Rosmarinnadeln mit Öl, Salz und Pfeffer vermischen, die Filets damit einreiben und in einer Auflaufform mit Alufolie zugedeckt 20 Min. im Ofen bei 190 °C garen. Danach das Fleisch in mundgerechte Stücke schneiden.

Eier hart kochen, vierteln und mit dem Salat und dem Dressing in einer Schale vermischen. Die Croûtons mit dem Fleisch, den Korianderblättern und den Parmesanhobeln auf den Salat geben.

TOMATENSALAT

TOMATEN-WASSERMELONEN-SALAT

2 Bio-Zitronen / 1 Vanilleschote / 2 EL Honig / 8 EL Olivenöl /
Salz / Pfeffer / 1 Grapefruit / 4 Tomaten / 400 g Wassermelone /
1 rote Zwiebel / 3 Zweige Minze / 2 EL Kürbiskerne

Fürs Dressing die Schale von 1 Zitrone abziehen. 2 Zitronen auspressen. Mark aus der Vanilleschote kratzen. Alles mit dem Honig
in einem Topf bei mittlerer Hitze 5 Min. einkochen lassen, dabei
ab und zu umrühren. Zitronenschalen entfernen. Den Sirup mit Öl
verquirlen und mit Salz und Pfeffer würzen.

Grapefruit filetieren. Tomaten und Melone in dünne Scheiben,
Zwiebel in feine Streifen schneiden. Alles in eine Schüssel geben.
Minze fein hacken und hinzufügen. Dressing mit dem Salat ver-
mischen. Kürbiskerne rösten und darüber streuen.

TOMATEN-KRÄUTER-SALAT

8 Tomaten / 1 rote Zwiebel /
½ Bund Schnittlauch / 2 Stiele
Petersilie / 1 EL Rohrohrzucker /
½ Zitrone / 4 EL Balsamico Bianco / 8 EL Olivenöl / Salz / Pfeffer

Tomaten in mundgerechte Stücke,
Zwiebel in feine Streifen schneiden. Beides in eine Schüssel geben.
Kräuter fein hacken und
mit dem Zucker dazugeben.

Zitrone auspressen und
mit Essig und Öl in die
Schüssel gießen. Alles
vermengen und mit Salz
und Pfeffer abschmecken.

KIRSCHTOMATEN-MOZZARELLA-SALAT

40 Kirschtomaten / 2 Becher
Baby-Mozzarella-Kugeln
(à 285 g) / 4 Stiele Basilikum /
Fleur de Sel / Pfeffer / 2 EL Aceto
Balsamico / 8 EL Olivenöl

Tomaten halbieren. Mozzarella
abtropfen lassen und ebenfalls
halbieren. Beides in eine Schüssel
geben.

Basilikumblätter hinzugeben
und alles vermengen, mit Salz und
Pfeffer würzen und mit Essig und
Öl abschmecken.

TOMATEN-THUNFISCH-SALAT MIT WEISSEN BOHNEN

1 Dose Cannellini Bohnen (400 g) / 1 Dose Thunfisch (140 g) /
6 Tomaten / 1 Stange Staudensellerie / 1 rote Zwiebel / 1 säuerlicher Apfel (z. B. Elstar) / 4 Stiele glatte Petersilie / 1 EL Kapern
Nonpareilles / 4 EL Balsamico Bianco / 8 EL Olivenöl / Salz /
Pfeffer

Bohnen und Thunfisch in ein Sieb geben und abtropfen lassen.
Thunfisch grob zerbröseln.

Tomaten in mundgerechte Stücke, Staudensellerie in dünne
Scheiben und Zwiebel in feine Streifen schneiden. Apfel mit Schale
klein würfeln. Petersilienblätter fein hacken.

Alle Zutaten mit den Kapern in eine Schüssel geben. Essig, Öl,
Salz und Pfeffer hinzugeben und alles vermengen.

TOMATEN-SPARGEL-SALAT
MIT AVOCADO

1 Bund grüner Spargel / 8 EL Olivenöl /
1 EL Rohrohrzucker / 24 Kirschtomaten /
½ Orange / Fleur de Sel / Pfeffer / 1 Avocado /
2 Frühlingszwiebeln / 500 g Büffelmozzarella /
2 Stiele Basilikum / ½ Zitrone / 4 EL Balsamico
Bianco / 2 EL Cashewkerne

Spargel blanchieren, schräg in 4 Stücke schneiden, in einer
Pfanne mit 2 EL Öl anbraten und mit Zucker karamellisieren.
Tomaten halbieren und in die heiße Pfanne geben. Orange
darüber auspressen, salzen und pfeffern. Alles durchschwenken
und in eine Schüssel umfüllen.

Avocado in Scheiben, Zwiebeln in Ringe und Mozzarella in
Stücke schneiden. Basilikumblätter grob hacken. Alles in die
Schüssel geben. Zitrone darüber auspressen, Essig und 6 EL Öl
hineingießen und mit Salz und Pfeffer abschmecken. Cashewkerne in einer Pfanne goldbraun rösten und darüber streuen.

MEIN ♥-REZEPT

NUDELSALAT

NUDELSALAT

400 g Penne / 300 g Fleischwurst /
130 g Cornichons / 100 g Emmentaler / 50 g Schmand / 100 ml Delikatess-Mayonnaise / 100 g Joghurt /
Salz / Pfeffer / ½ Bund Schnittlauch

Nudeln nach Packungsanleitung im
Salzwasser al dente kochen, beim Abgießen ca. 100 ml Nudelwasser auffangen. Nudeln in eine Schale geben.

Fleischwurst in Streifen, Cornichons in Scheiben schneiden, Gurkensud aufbewahren. Käse klein würfeln.
Alles zu den Nudeln geben.

Schmand, Mayonnaise, Joghurt
und 5 EL Gurkensud verrühren und
mit Salz und Pfeffer würzen. Den Salat
mit dem Dressing verrmengen und
mind. 1 Std. im Kühlschrank durchziehen lassen. Schnittlauch fein hacken
und über den Salat streuen. Bei Bedarf
mit etwas Nudelwasser verdünnen.

NUDELSALAT MEDITERRAN

400 g Orecchiette / 3 EL Bärlauchpesto (S. 141) / 1 rote Zwiebel /
1 gelbe Paprika / 1 kleiner Apfel /
1 Mini-Salatgurke / 1 Staudensellerie / 200 g Feta / 4 Stiele Petersilie /
4 EL Balsamico Bianco / 3 EL Olivenöl / 2 TL Honig / Salz / Pfeffer

Nudeln nach Packungsanleitung im
Salzwasser al dente kochen. Beim Abgießen ca. 100 ml Nudelwasser auffangen. Die Nudeln in einer Schüssel mit
dem Pesto mischen.

Zwiebel in feine Streifen, Paprika
und Apfel in Würfel schneiden. Gurke
und Sellerie in Scheiben schneiden.
Käse klein würfeln, Petersilienblättchen hacken.

Alles mit den Nudeln verrühren
und mit Essig, Öl, Honig, Salz und
Pfeffer würzen. Salat mind. 1 Std.
durchziehen lassen. Bei Bedarf mit
etwas Nudelwasser verdünnen.

NUDELSALAT CAPRESE

400 g Orecchiette / 100 g Basilikumpesto (S. 141) / 2 EL Pinienkerne / 16 Kirschtomaten /
2 Frühlingszwiebeln / 2 Becher Baby-Mozzarella-Kugeln
(à 285 g) / 2 EL Balsamico
Bianco / Salz / Pfeffer / 4 Stiele
Basilikum

Nudeln nach Packungsanleitung
im Salzwasser al dente kochen.
Beim Abgießen ca. 100 ml Nudelwasser auffangen. Nudeln in einer
Schüssel mit dem Pesto mischen.

Pinienkerne goldbraun rösten.
Tomaten vierteln, Frühlingszwiebeln in feine Streifen schneiden.
Mozzarella abtropfen lassen und
halbieren. Alles mit den Nudeln
durchmischen, mit dem Essig beträufeln und mit Salz und Pfeffer
würzen. Basilikum grob hacken
und über den Salat streuen. Bei
Bedarf mit etwas Nudelwasser
verdünnen.

NUDELSALAT ANTIPASTI

400 g Farfalle / 8 EL Olivenöl / 2 EL Pinienkerne /
1 rote Zwiebel / 2 gelbe Paprikaschoten / 6 getrocknete Tomaten / 2 Knoblauchzehen / 1 Zweig
Rosmarin / 2 EL Rohrohrzucker / 20 ml Portwein /
1 Handvoll Rucola / 40 g Parmesan / 4 EL Balsamico Bianco / Salz / Pfeffer

Nudeln nach Packungsanleitung im Salzwasser al
dente kochen. Beim Abgießen ca. 100 ml Nudelwasser auffangen. Nudeln in einer Schüssel mit
3 EL Öl mischen.

   Pinienkerne goldbraun rösten. Zwiebel, Paprika
und Tomaten in feine Streifen schneiden. Knoblauch
und Rosmarinnadeln klein hacken. Alles in einer
Pfanne mit 2 EL Öl dünsten, mit Zucker karamellisieren und mit Portwein ablöschen.

   Alle Zutaten mit Rucola unter den Nudeln vermengen, Parmesan darüber hobeln. Salat mit Essig,
3 EL Öl, Salz und Pfeffer würzen und bei Bedarf mit
etwas Nudelwasser verdünnen.

NUDELSALAT MIT HUHN

400 g Penne / 2 Hähnchenbrustfilets (ca. 400 g) /
2 EL Rapsöl / ½ Zitrone / 1 TL Pul Biber / Salz /
Pfeffer / 1 kleine Dose Mandarinen (175 g) / 8 Radieschen / 2 Frühlingszwiebeln / 50 g Schmand /
100 ml Delikatess-Mayonnaise / 100 g Joghurt

Nudeln nach Packungsanleitung im Salzwasser al
dente kochen und in eine Schale geben. Beim Abgießen ca. 100 ml Nudelwasser auffangen.

   Fleisch in einer Pfanne mit Öl ca. 10 Min. braten.
Zitrone darüber auspressen und mit Pul Biber,
Salz und Pfeffer würzen. In Streifen schneiden. Mit
Nudelwasser unter Rühren den Bratenfond in der
Pfanne lösen, einen Schuss über die Nudeln gießen.

   Mandarinen abtropfen lassen. Radieschen in
feine Scheiben, Frühlingszwiebeln in feine Ringe
schneiden. Alles zu den Nudeln geben. Schmand,
Mayonnaise, Joghurt, Salz und Pfeffer mischen und
in den Salat rühren. Mind. 1 Std. im Kühlschrank
durchziehen lassen. Bei Bedarf mit etwas Nudelwasser verdünnen.

MEIN ♥-REZEPT

GURKENSALAT

GURKEN-DILL-SALAT

½ Bund Dill / ½ Zitrone /
½ Knoblauchzehe / 150 griechischer Joghurt / 150 g
Sauerrahm / Salz / Pfeffer /
2 Salatgurken

Fürs Dressing Dill fein hacken,
Zitrone auspressen und Knoblauch pressen. Alles mit Joghurt und Sauerrahm in einer
Schüssel verrühren. Mit Salz
und Pfeffer abschmecken.

Die Gurken mit Schale in
dünne Scheiben schneiden, mit
der Hand etwas ausdrücken
und mit dem Dressing ver-
mischen. Im Kühlschrank mind.
30 Min. ziehen lassen.

GURKEN-AVOCADO-SALAT MIT
DICKEN BOHNEN

200 g Dicke Bohnen (TK) / 2 EL Pistazienkerne / 1 Salatgurke / 2 Frühlingszwiebeln /
2 Bio-Orangen / 1 Avocado / 1 EL Honig /
4 EL Balsamico Bianco / 4 EL Olivenöl /
Salz / Pul Biber

Dicke Bohnen in kochendem Salzwasser nach
Packungsangabe garen. Pistazien rösten. Gurke mit Schale in Scheiben schneiden und mit
der Hand etwas ausdrücken. Frühlingszwiebeln in feine Streifen schneiden. Von 1 Orange die Hälfte der Schale abreiben. Beide
Orangen filetieren, Saft auffangen. Avocado
in Scheiben schneiden. Alles in eine Schüssel
geben.

Orangensaft, Abrieb, Honig, Essig, Öl,
Salz und Pul Biber verquirlen und mit dem
Salat vermengen.

GRIECHISCHER GURKEN-
TOMATEN-SALAT

1 Salatgurke / 4 Strauchtomaten /
1 rote Paprika / 2 Frühlingszwiebeln / ½ Zitrone / 1 Avocado /
2 EL Kürbiskerne / 200 g Feta /
4 EL Balsamico Bianco / 4 EL
Olivenöl / Salz / Pfeffer / 2 Stiele
glatte Petersilie

Gurke halbieren, entkernen und
mit den Tomaten in mundgerechte
Würfel schneiden. Paprika entkernen, vierteln und quer in feine
Streifen schneiden. Frühlingszwiebeln fein hacken.

Zitrone auspressen. Avocado-
fleisch in Scheiben schneiden, mit
1 EL Zitronensaft marinieren. Alles
in eine Schüssel geben und durchmischen.

Kürbiskerne rösten, Schafskäse
würfeln, beides zufügen. Mit Essig
und Öl marinieren, mit Salz und
Pfeffer abschmecken. Petersilie
fein hacken und untermischen.

TOSKANISCHER BROTSALAT

½ Ciabatta / 2 Knoblauchzehen / 2 EL
Pinienkerne / 1 Salatgurke / 1 rote Zwie-
bel / 300 g Kirschtomaten / 1 EL Kapern
Nonpareilles / 6 EL Balsamico Bianco /
6 EL Olivenöl / 4 Stiele Basilikum /
Fleur de Sel / Pfeffer

Brot längsseitig halbieren, auf dem Gitter
unter dem heißen Backofengrill beidseitig
goldbraun rösten. Mit Knoblauch einreiben und grob würfeln. Pinienkerne rösten.

Gurke mit Schale in Würfel, Zwiebel
in Streifen schneiden. Tomaten halbieren.
Alles mit Kapern, Essig und Öl in eine
Schale geben und gut vermischen.

Basilikumblätter fein hacken und
mit dem Röstbrot und den Pinienkernen
unter den Salat mengen und durchziehen
lassen. Mit Fleur de Sel und Pfeffer abschmecken.

GURKEN-MELONEN-SALAT MIT MINZE

1 Salatgurke / ½ Honigmelone / 1 Avocado /
2 Frühlingszwiebeln / ½ Zitrone / 4 Zweige
Minze / 4 EL Balsamico Bianco / 4 EL Olivenöl / 1 EL Honig / 150 g Sauerrahm / ½ Knoblauchzehe / 1 TL Harissa-Paste (oder Pul
Biber) / Salz / 1 Kugel Mozzarella

Gurke mit Schale und Melone in Würfel, Avocado in Spalten, Frühlingszwiebeln in feine Ringe
schneiden. Alles in eine Schüssel geben. Zitrone
darüber auspressen.

Minzblättchen, Essig, Öl, Honig, Sauerrahm,
Knoblauch und Harissa mit einem Stabmixer
pürieren. Mit Salz abschmecken.

Die Abtropfflüssigkeit im Salat abgießen.
Mozzarella würfeln, mit dem Dressing zum Salat
geben und alles gut mischen.

MEIN ♥-REZEPT

COUSCOUS-SALAT

1 TABBOULEH

1 Bio-Zitrone / 250 g Couscous / 1 kleine
Salatgurke / 3 Strauchtomaten / 4 Frühlingszwiebeln / 40 g Rosinen / ½ Bund
glatte Petersilie / 4 Zweige Minze /
6 EL Olivenöl / Salz / Pul Biber

Einen Streifen Schale von der Zitrone
abziehen, Saft auspressen. Couscous mit
der Zitronenschale in eine Schüssel geben
und mit 300 ml heißem Wasser übergießen, durchmischen und ca. 15 Min. quellen
lassen.

Gurke und Tomaten in kleine Würfel,
Frühlingszwiebeln in feine Ringe schneiden.
Rosinen und Kräuter hacken. Alles mit Zitronen-
saft, Öl und dem Couscous vermischen. Mit Salz und
Pul Biber abschmecken. Zitronenschale entfernen.

2 GRANATAPFEL-COUSCOUS-SALAT

1 Bio-Zitrone / 1 große Zwiebel / 6 EL Olivenöl /
½ TL Kreuzkümmel / 20 ml Marsala / 250 g Couscous /
50 g Pistazienkerne / 3 Frühlingszwiebeln / 50 g Cranberries / 4 Zweige Minze / 1 Granatapfel / Salz / Pul Biber

Einen Streifen Schale von der Zitrone abziehen, Saft auspressen. Zwiebel fein hacken, in 2 EL Öl andünsten, Kreuzkümmel zufügen und mit Marsala ablöschen. Alles bis auf
den Zitronensaft mit dem Couscous in eine Schüssel geben
und mit 300 ml heißem Wasser übergießen, durchmischen
und ca. 15 Min. quellen lassen.

Pistazien grob hacken und rösten. Frühlingszwiebeln in
feine Ringe schneiden. Cranberries und Minzblätter hacken.
Die Granatapfelkerne lösen. Alles zum Couscous geben und
mit Zitronensaft, 4 EL Öl, Salz und Pul Biber abschmecken.
Zitronenschale entfernen.

3 COUSCOUS-SALAT MIT DATTELN UND MANDELN

1 Bio-Orange / 2 rote Zwiebeln / 6 EL Olivenöl / 2 Pr.
Zimt / 20 ml Marsala / 250 g Couscous / 50 g braune
Mandelkerne / 40 g Rosinen / 8 Datteln / 4 getrocknete
Tomaten / 4 Stiele glatte Petersilie / 2 EL Weißwein-
essig / Salz / Pul Biber / 200 g Feta

Einen Streifen Schale von der Orange abziehen, restliche
Schale abreiben und den Saft auspressen. Zwiebeln fein
hacken, in 2 EL Öl andünsten, Zimt zufügen und mit Marsala ablöschen. Alles bis auf den Orangenabrieb mit 200 ml
Wasser aufkochen und über den Couscous in eine Schüssel
gießen, durchmischen und ca. 15 Min. quellen lassen.

Mandelkerne grob hacken, in einer Pfanne in 2 EL Öl
goldbraun rösten. Rosinen, Datteln, getrocknete Tomaten
und Petersilienblätter fein hacken. Alles zum Couscous
geben, mit Essig, 4 EL Öl, Salz, Pul Biber und dem Orangenabrieb abschmecken. Feta klein würfeln und untermengen.

4 APRIKOSEN-COUSCOUS-SALAT

1 Bio-Zitrone / 2 Orangen / 1 große Zwiebel /
6 EL Olivenöl / ½ TL Kreuzkümmel / 20 ml Marsala /
250 g Couscous / 50 g blanchierte Mandelkerne / 3 Frühlingszwiebeln / 12 getrocknete Aprikosen / 4 Zweige
Minze / Salz / Pul Biber / 200 g Ziegenkäse

Einen Streifen Schale von der Zitrone abziehen. Zitrone
und Orangen auspressen. Zwiebel fein hacken, in 2 EL Öl
andünsten, Kreuzkümmel zufügen und mit Marsala ablöschen. Alles bis auf den Zitronensaft mit 200 ml Wasser
aufkochen und über den Couscous in eine Schüssel gießen,
durchmischen und ca. 15 Min. quellen lassen.

Mandeln grob hacken, in einer Pfanne in 2 EL Öl
goldbraun rösten. Frühlingszwiebeln in feine Ringe
schneiden, Aprikosen klein würfeln, Minze fein
hacken. Alles zum Couscous geben und
mit Zitronensaft, 2 EL Öl, Salz
und Pul Biber abschmecken.
Zitronenschale entfernen.
Ziegenkäse grob zerbröselt
unter den Salat mengen.

MEIN ♥-REZEPT

5 BLUMENKOHL-COUSCOUS-SALAT

1 Blumenkohl / Salz / 1 rote Zwiebel / 6 EL Olivenöl /
1 Bio-Zitrone / 2 EL Pistazienkerne / 3 Frühlingszwiebeln / ½ Bund Dill / 150 g Schmand / 50 g Sauerrahm /
Pul Biber

Blumenkohl zu großen Röschen zerteilen, mit 1 Pr. Salz im
Zerkleinerer zu Couscous großen Bröseln mixen. Zwiebel
fein würfeln, in einer großen Pfanne mit Öl andünsten.
Blumenkohl zufügen und unter Wenden 3 Min. mitgaren.
½ Schale der Zitrone darüber reiben und den Saft hineinpressen.

Pistazien grob hacken und rösten. Frühlingszwiebeln in feine Ringe schneiden. Beides
zum Blumenkohl geben. Dill fein hacken, mit Schmand und Sauerrahm
verrühren. ½ Schale der Zitrone
darüber reiben und mit Salz und
Pul Biber abschmecken. Dressing mit dem Salat vermengen.

ROTE-BETE-SALAT

ROTE-BETE-SALAT MIT ORANGE UND WEISSEN BOHNEN

4 gekochte Rote Beten (á ca. 200 g) / 1 rote Zwiebel / 1 EL Rosinen /
1 Orange / 1 Dose Weiße Bohnen (à 400 g) / 150 g Mini-Mangold /
1 EL Honig / 4 EL Balsamico bianco / 4 EL Olivenöl / Salz / Pul Biber

Rote Beten in Spalten, rote Zwiebel in feine Streifen schneiden. Rosinen
klein hacken. Orange filetieren, Saft dabei auffangen. Alle festen Zutaten
mit Bohnen und Mangold in eine Schüssel geben.

    Den Orangensaft mit Essig, Honig und Öl verquirlen und mit Salz und
Pul Biber abschmecken. Das Dressing unter den Salat mischen.

ROTE BETE-SALAT MIT BIRNE UND NÜSSEN

1 kleine rote Zwiebel / 1 Birne / 4 gekochte Rote Beten (á ca. 200 g) /
4 EL Balsamico Bianco / 4 EL Olivenöl /
2 EL Haselnussöl / Fleur de Sel / Pfeffer / 10 Walnüsse / 10 Haselnüsse /
20 g Kürbiskerne / 1 EL Puderzucker

Zwiebel fein hacken, Birne klein würfeln.
Rote Beten in ca. 1 cm große Würfel
schneiden. Alles in eine Schüssel geben,
mit dem Essig und den beiden Ölen marinieren und mit Salz und Pfeffer würzen.

    Walnüsse und Haselnüsse grob ha-
cken und mit den Kürbiskernen in einer
Pfanne rösten. Mit Puderzucker karamellisieren, dann salzen. Auf einem mit
Backpapier ausgelegten Blech auskühlen
lassen und unter den Salat mischen.

    Die karamellisierten Nüsse unter den
Salat mischen.

ROTE-BETE-CARPACCIO MIT TRAUBEN UND SCHAFSKÄSE

4 gekochte Rote Beten (á ca. 200 g) / 20 Walnüsse / 20 kernlose rote
Trauben / 200 g Schafskäse / 1 kleine rote Zwiebel / 4 EL Balsamico
Bianco / 4 EL Olivenöl / 2 EL Walnussöl / Salz / Pfeffer

Rote Beten in feine Scheiben schneiden, fächerförmig anrichten. Walnüsse hacken und in einer Pfanne rösten, Trauben halbieren, Schafskäse grob stückeln. Alles über die Rote Bete streuen.

    Zwiebel in feine Streifen schneiden, mit Essig und beiden Ölen über-
gießen. Salzen und pfeffern.
Vinaigrette über die
Roten Beten träufeln.

ROTE-BETE-SALAT MIT FORELLE UND MEERRETTICHQUARK

1 Apfel / 4 gekochte Rote Beten (á ca. 200 g) / 1 rote Zwiebel / 2 Stiele
Dill / 4 EL Balsamico Bianco / 4 EL Olivenöl / ½ TL körniger Senf /
Salz / Pfeffer / 4 geräucherte Forellenfilets / 150 g Sahnequark
(40 % Fettgehalt) / 3 EL Tafel-Meerrettich / 3 kleine Pumpernickel-
Taler / 1 EL Rohrohrzucker

Apfel und Rote Beten in Spalten, Zwiebel in feine Streifen schneiden.
Dill klein hacken. Alles in eine Schüssel geben. Essig, Öl, Senf, Salz und
Pfeffer verquirlen und den Salat damit marinieren. Forellenfilets in
mundgerechte Stücke zerteilen und locker unter den Salat heben.

Quark mit Meerrettich und 1 Pr. Pfeffer verrühren. Pumpernickel
zerbröseln, in einer Pfanne 3–4 Min. rösten. Zucker zugeben, unter Rühren karamellisieren und auskühlen lassen. Meerrettichquark und Pumpernickelbrösel auf
dem Salat verteilen.

ROTE-BETE-BULGUR-SALAT MIT KICHERERBSEN

½ Bio-Orange / 1 EL Balsamico Bianco / 5 EL Olivenöl /
Salz / Pul Biber / 4 gekochte Rote Beten (á ca. 200 g) /
1 Schalotte / ½ TL Kreuzkümmel / 125 g Bulgur /
200 ml Wasser / 3 Frühlingszwiebeln / 1 Dose Kichererbsen (à 400 g)

Die Schale der Orange abreiben, den Saft auspressen. Beides
mit Essig, 4 EL Öl, Salz und Pul Biber verquirlen. Rote Beten
in Spalten schneiden, mit dem Dressing mischen und ziehen
lassen.

Schalotte fein würfeln, in einer Pfanne mit 1 EL Öl glasig
dünsten. Kreuzkümmel einrühren, Bulgur zugeben und kurz
mitrösten. Mit Wasser ablöschen, salzen und zugedeckt bei
kleiner Hitze ca. 10 Min. garen. Bulgur offen abkühlen lassen.
Frühlingszwiebeln in feine Ringe schneiden und mit
Kichererbsen unter den Bulgur mischen. Mit Salz und
Pul Biber würzen. Die Roten Beten unterheben.

MEIN ♥-REZEPT

BLATTSALAT

KOPFSALAT MIT JOGHURT-DRESSING

2 kleine Kopfsalate / 1 Mini-Salatgurke / 6 Radieschen / 1 kleiner Apfel / 2 Frühlingszwiebeln / 2 EL Sonnenblumenkerne / ½ Bund Schnittlauch / ½ Orange / 150 g Joghurt / 100 g Sauerrahm / 1 TL Senf / 2 TL Zucker / 3 EL Weißweinessig / Salz / Pfeffer

Salate grob zerkleinert in eine große Schüssel geben. Gurke und Radieschen in Scheiben, Apfel in Spalten und Frühlingszwiebeln in feine Ringe schneiden. Sonnenblumenkerne rösten. Alles zum Salat geben.

Für das Dressing Schnittlauch fein hacken. Orange auspressen. Beides mit den übrigen Zutaten verrühren und mit Salz und Pfeffer abschmecken. Dressing unter den Salat mischen.

SOMMERSALAT MIT BEEREN, AVOCADO UND ZIEGENKÄSE

1 kleiner roter Salatkopf / 1 kleiner grüner Salatkopf / 1 Bund Rucola / 2 Frühlingszwiebeln / 1 Avocado (z. B. Hass) / 60 g Erdbeeren / 2 EL Pistazienkerne / 60 g Himbeeren / 1 kleine Ziegenfrischkäserolle / 4 EL Olivenöl / 3 EL Himbeeressig / Fleur de Sel / Pfeffer

Salate grob zerkleinert in eine große Schüssel geben. Frühlingszwiebeln in feine Ringe, Avocado in Spalten schneiden. Erdbeeren halbieren. Pistazien rösten. Alles mit den Himbeeren unter den Salat heben.

Ziegenkäse grob zerbröseln, mit dem Essig und Öl über den Salat geben. Mit Salz und Pfeffer würzen.

FRISÉESALAT MIT KICHER-ERBSEN, ORANGEN UND FETA

1 Friséesalat / 1 kleiner Radicchio / 1 Chicorée / 1 rote Zwiebel / 200 g Feta / 1 Dose Kichererbsen (à 400 g) / 2 Orangen / 3 EL Weißweinessig / 4 EL Olivenöl / 1 EL Honig / Chilisalz / Pul Biber

Salate grob zerkleinert in eine große Schüssel geben. Zwiebel in feine Streifen schneiden, Feta würfeln. Beides mit den Kichererbsen unter den Salat mischen. Orangen filetieren, Saft dabei auffangen. Die Orangenstücke zum Salat geben.

Orangensaft, Essig, Öl, Honig, Salz und Pul Biber gut verquirlen. Dressing über den Salat träufeln.

FRÜHLINGSSALAT MIT SPARGEL, PARMA UND EI

1 kleiner roter Salatkopf / 1 kleiner grüner Salatkopf / 2 Frühlingszwiebeln / 1 Bund grüner Spargel / 6 EL Olivenöl / 1 Pr. Rohrohrzucker / 1 Orange / 4 Eier / Fleur de Sel / 2 EL Mandelblättchen / 8 Scheiben Parmaschinken / 3 EL Balsamico Bianco / ½ TL Senf / 1 EL Honig / Pfeffer

Salate grob zerkleinert in eine große Schüssel geben. Frühlingszwiebeln in feine Ringe schneiden, hinzufügen. Spargel garen und schräg in 3 Stücke schneiden. In einer Pfanne mit 2 EL Öl anbraten, mit Zucker karamellisieren und mit der ½ Menge des Orangensafts ablöschen.

Eier hart kochen, halbieren und mit Fleur de Sel würzen. Mandeln hellbraun rösten. Beides mit dem Spargel und dem Parmaschinken auf dem Salat verteilen. ½ Menge des Orangensafts mit Essig, 4 EL Öl, Senf und Honig verquirlen, mit Salz und Pfeffer würzen. Dressing über den Salat geben.

KOPFSALAT MIT LACHS, ANANAS UND AVOCADO

2 kleine Kopfsalate / 1 Mini-Salatgurke / 2 Frühlingszwiebeln / 1 Avocado (z. B. Hass) / ¼ Ananas / 1 Zitrone / 4 Lachsfilets ohne Haut (à ca. 150 g) / 4 EL Rapsöl / Salz / Pfeffer / ½ Bund Dill / 150 g Joghurt / 100 g Sauerrahm / 1 TL Senf / 4 EL Weißweinessig / 1 EL Honig

Salate grob zerkleinert in eine große Schüssel geben. Gurke in Scheiben, Zwiebeln in feine Ringe, Avocado in Spalten und Ananas in ca. 1 cm große Würfel schneiden. Alles mit dem Salat mischen, ½ Zitrone darüber auspressen.

Lachsfilet in 3 cm große Würfel schneiden und in einer Pfanne mit Öl anbraten. ½ Zitrone darüber auspressen, salzen und pfeffern. Dillblättchen hacken, mit Joghurt, Sauerrahm, Senf, Essig und Honig verrühren. Salzen und pfeffern. Dressing mit dem Lachs auf dem Salat verteilen.

FELDSALAT MIT SPECK UND KARTOFFELDRESSING

2 mehlig kochende Kartoffeln /
1 Zwiebel / 1 Knoblauchzehe /
3 EL Olivenöl / 300 ml Gemüsebrühe
(S. 38) / 4 EL Weißweinessig /
1 TL mittelscharfer Senf / Fleur de
Sel / Pfeffer / 2 Frühlingszwiebeln /
60 g magerer Bauchspeck /
250 g Feldsalat / 2 EL Kürbiskerne

Fürs Dressing Kartoffeln, Zwiebel
und Knoblauch würfeln, im Topf mit
2 EL Öl bei mittlerer Hitze ca. 5 Min.
dünsten. Mit Brühe ablöschen und
zugedeckt ca. 20 Min. weich kochen.
Mit dem Stabmixer zu einer sämi-
gen Sauce pürieren. Essig und Senf
unterrühren, mit Salz und Pfeffer abschmecken.
    Frühlingszwiebeln fein hacken.
Speck in Streifen schneiden und in
einer Pfanne mit 1 EL Öl knusprig
ausbraten. Beides zum Feldsalat geben und mit dem Dressing mischen.
Kürbiskerne rösten und über den Salat
geben.

FELDSALAT MIT ENTENBRUST UND MANGO

300 g Entenbrustfilet / 2 EL Rapsöl / Fleur de Sel / Pfeffer / 1 reife
Mango / 1 rote Zwiebel / 2 EL Pinienkerne / 250 g Feldsalat / 4 EL
Balsamico Bianco / 4 EL Olivenöl

Entenbrust schräg einschneiden
und mit dem Schnitt nach unten in
einer Pfanne mit Rapsöl ca. 5 Min.
scharf anbraten. Fleisch wenden
und weitere 2–3 Min. braten.
Salzen, pfeffern und im Ofen bei
160 °C 8–10 Min. fertig garen.
    Mango in Spalten, Zwiebel in
feine Streifen schneiden. Pinienkerne rösten. Alles in eine Schüssel
füllen, den Salat unterheben und
mit Essig, Olivenöl, Salz und Pfeffer abschmecken. Entenbrust in
feine Tranchen schneiden und auf
dem Salat anrichten.

MANGOLD-SPINAT-SALAT MIT ROTER BETE UND CRANBERRIES

1 kleiner Hokkaido / 1 Knoblauchzehe / 1 Rosmarinzweig / 8 EL Olivenöl / Fleur de Sel / Pfeffer / 2 gegarte Rote Beten / 2 EL Kürbiskerne /
2 EL Cranberries / 1 Frühlingszwiebel / 250 g Baby-Mangold und
Blattspinat / 4 EL Aceto Balsamico /
2 EL Kürbiskernöl

Kürbis in Spalten, Knoblauch in Scheiben schneiden. Rosmarinnadeln vom
Zweig ziehen. Alles auf ein Backblech
mit 4 EL Olivenöl geben. Mit Salz und
Pfeffer würzen, durchmengen und im
Ofen bei 200 °C 10–12 Min. weich
schmoren.
    Rote Beten in Spalten schneiden,
5 Min. vor Ende der Garzeit zum Kürbis geben und kurz mitbraten. Kürbiskerne rösten, Cranberries hacken,
Frühlingszwiebel in feine Ringe
schneiden. Alles mit Mangold und
Spinat vermengen. Salz, Pfeffer, Essig,
4 EL Olivenöl und das Kürbiskernöl
hinzugeben. Kürbis und Rote Beten
über den Salat verteilen.

FELDSALAT, RUCOLA & CO.

SALAT MIT PILZEN, MARONEN UND ZIEGENKÄSE

2 EL Walnüsse / 1 Frühlingszwiebel / 1 kleiner Apfel / 250 g Feldsalat und Rucola / Fleur de Sel / Pfeffer / 8 EL Olivenöl / 2 EL Walnussöl / 4 EL Aceto Balsamico / 300 g Champignons / 50 g gekochte Maronen / 2 kleine Ziegenkäserollen

Walnüsse grob hacken und rösten. Frühlingszwiebel in feine Ringe, Apfel in feine Streifen schneiden. Alles mit den Salaten mischen und mit Salz, Pfeffer, Essig, 4 EL Olivenöl und Walnussöl abschmecken.

Pilze in Scheiben schneiden, in der Pfanne mit 2 EL Olivenöl bei starker Hitze 2 – 3 Min. braten. Salzen und pfeffern. Maronen grob dazu bröseln und mitrösten. Die Mischung auf den Salat verteilen. Käserollen in je 6 Taler schneiden, in der Pfanne mit 2 EL Olivenöl ca. 3 Min. goldbraun braten und auf dem Salat anrichten.

RUCOLA MIT OFENKARTOFFELN, PAPRIKA UND OLIVEN

1 rote Paprika / 1 gelbe Paprika / 2 Schalotten / 12 kleine Kartoffeln (z. B. Drillinge) / 1 Knoblauchzehe / 1 Rosmarinzweig / 4 EL Aceto Balsamico / 8 EL Olivenöl / Fleur de Sel / Pfeffer / 2 EL Pinienkerne / 12 schwarze Oliven ohne Kern / 4 getrocknete Tomaten / 2 EL Kapernäpfel / 250 g Rucola / 50 g Parmesan

Paprika und Schalotten achteln, Kartoffeln halbieren, Knoblauch in Scheiben schneiden. Alles mit den Rosmarinnadeln und 4 EL Öl auf einem Backblech durchmengen, salzen und pfeffern und im Ofen bei 220 °C ca. 20 Min. weich garen.

Pinienkerne rösten. Oliven in Scheiben, Tomaten in feine Streifen schneiden. Mit Kapern und Rucola durchmengen. Salz, Pfeffer, Essig und 4 EL Öl hinzufügen. Ofengemüse auf dem Salat verteilen, Parmesan grob darüber hobeln.

MEIN ♥-REZEPT

GEMÜSESUPPE 38
- Gemüsebrühe
- Kalte Gemüsesuppe
- Paprikasuppe
- Erbsencremesuppe mit geröstetem Blumenkohl
- Mandel-Bohnensuppe

CHILI 40
- Chili con Carne
- Chili mit Schokoladensauce
- Chili con Chicken
- Orientalisches Chili
- Chili sin Carne

HÜHNERSUPPE 42
- Hühnerbrühe
- Hühnersuppe mit Gemüse
- Mediterrane Hühner-Nudelsuppe
- Asiatische Hühner-Nudelsuppe
- Tom Kha Gai

RINDERSUPPE 44
- Rinderbrühe
- Pfannkuchensuppe
- Bunte Rindfleischsuppe
- Rindfleischeintopf mit Kichererbsen und Kürbis
- Gulaschsuppe

TOMATENSUPPE 46
- Tomatensuppe mit Orangen-Croûtons
- Gazpacho Andaluz
- Tomatensuppe mit Pinienkernen
- Paprika-Tomaten-Suppe
- Tomaten-Melonen-Gazpacho

KARTOFFELSUPPE 48
- Kartoffelsuppe mit Würstchen
- Kartoffelsuppe mit Lachs und Meerrettichsahne
- Kartoffel-Lauch-Suppe mit Käse
- Kartoffelsuppe mit Speck und Walnusspesto
- Kartoffel-Sellerie-Suppe mit Apfel

KÜRBIS- & MÖHRENSUPPE 50
- Kürbis-Orangen-Suppe mit Kürbiskernen
- Kürbissuppe mit Speck und Pfifferlingen
- Möhren-Orangen-Suppe mit Zimt-Croûtons
- Süßkartoffel-Möhren-Suppe mit Macadamia-Crunch
- Linsen-Möhren-Suppe mit Kreuzkümmel-Joghurt

EINTOPF 52
- Erbseneintopf mit Wiener Würstchen
- Linsensuppe mit Salsiccia
- Bohneneintopf mit Birne und Speck
- Kartoffel-Wirsing-Eintopf mit Mettbällchen
- Lombardischer Bohneneintopf

SUPPEN

GEMÜSESUPPE

GEMÜSEBRÜHE

2 Zwiebeln / 2 Knoblauchzehen /
200 g Knollensellerie / 2 Stangen Staudensellerie / 2 Lauchstangen / 4 Möhren /
1 Fenchelknolle / 1 Pastinake / 4 Tomaten /
4 EL Olivenöl / 400 ml Weißwein / 4 Stiele
Petersilien / 1 Zweig Thymian / 1 Zweig
Rosmarin / 2 Lorbeerblätter / 1 Nelke /
8 Pfefferkörner / Salz / Pfeffer

Zwiebeln und Knoblauchzehen vierteln, Gemüse klein schneiden. Alles in einem großen
Topf mit Öl 5 Min. andünsten.

Mit Wein und 3 l Wasser ablöschen, die
Gewürze mit Stiel hinzufügen und alles bei
kleiner Hitze mind. 1 Std. köcheln lassen. Dabei den aufsteigenden Schaum abschöpfen.
Brühe durch ein feines Sieb passieren und
mit Salz und Pfeffer abschmecken.

KALTE GEMÜSESUPPE

½ Salatgurke / 2 Möhren /
½ Kohlrabi / 1 Knoblauch-
zehe / 1 Frühlingszwiebel /
4 Tomaten / 2 EL Rotwein-
essig / 2 EL Olivenöl / Salz /
Pfeffer

Gurke, Möhren und Kohlrabi
in kleine Stücke schneiden.
Knoblauch und Frühlingszwiebel fein hacken. Die Tomaten
häuten.

Alles in eine Schüssel geben und mit dem Stabmixer
fein pürieren. Mit Essig und Öl
abschmecken und mit Salz und
Pfeffer würzen.

PAPRIKASUPPE

1 rote Zwiebel / 2 gelbe Paprika /
1 rote Paprika / 2 EL Olivenöl /
500 ml Gemüsebrühe / 1 Stiel
Petersilie / 1 Stiel Koriander /
½ Bio-Zitrone / 2 EL Weißweinessig / Salz / Pfeffer

Zwiebel fein hacken, Paprika in
kleine Stücke schneiden. Beides
mit dem Öl in einem großen Topf
ca. 5 Min. anbraten. Mit der Gemüsebrühe ablöschen, Gewürze
mit Stiel hinzufügen, die Zitronenschale über die Suppe reiben, und
alles 30 Min. köcheln lassen.

Die Gewürze entfernen, die
Suppe pürieren und mit Essig, Salz
und Pfeffer abschmecken.

ERBSENCREMESUPPE MIT GERÖSTETEM BLUMENKOHL

500 ml Gemüsebrühe / 300 g TK-Erbsen / 150 g saure Sahne / 1 Pr. Muskat / Salz / Pfeffer / ¼ Blumenkohl / 50 g Mandelblättchen / 2 EL Raps-öl

Gemüsebrühe erhitzen, Erbsen hinzufügen und 5 Min. köcheln lassen. Suppe mit dem Stabmixer grob pürieren, Sahne einrühren und mit Muskat, Salz und Pfeffer würzen.

Blumenkohl in 1 cm breite Stücke schneiden und mit den Mandelblättchen in einer Pfanne mit Öl 3–5 Min. anbraten. Beides über die Suppe verteilen.

MANDEL-BOHNENSUPPE

4 Möhren / ½ Stange Lauch / 2 Knoblauchzehen / 1 Ei / 4 EL Olivenöl / 150 g gemahlene Mandeln / 200 g TK-Erbsen / 200 g Prinzess-Bohnen / 1 l Gemüsebrühe / Salz / Pfeffer

Möhren in kurze, dünne Stifte, Lauch in kurze Streifen schneiden. Knoblauch fein hacken. Das Ei hart kochen und in kleine Stücke schneiden. Lauch und Knoblauch mit 2 EL Öl in einer Pfanne 3 Min. dünsten. Mandeln darüber streu-en, einrühren und abkühlen lassen.

Erbsen, Möhren und Bohnen in einem großen Topf mit 2 EL Öl 10 Min. bei mittlerer Hitze dünsten. Ab und zu um-rühren. Lauch und Ei unter das Gemüse mischen. Mit der Gemüsebrühe ablöschen und alles kurz aufkochen lassen. Mit Salz und Pfeffer abschmecken.

MEIN ♥-REZEPT

CHILI

CHILI CON CARNE

2 Zwiebeln / 1 Knoblauchzehe / 2 EL Olivenöl / 500 g Rinderhackfleisch / 1 frische Chilischote / 2 TL Chilipulver /
2 TL Kreuzkümmel / 2 TL edelsüßes Paprikapulver / Meersalz /
schwarzer Pfeffer / 2 EL Tomatenmark / 2 Dosen geschälte
Tomaten (je 400 g) / ½ Zimtstange / 2 Lorbeerblätter / 2 Dosen
Kidneybohnen (je 400 g)

Zwiebeln und Knoblauch schneiden und in einer großen Pfanne
mit dem Öl glasig dünsten. Hackfleisch hinzufügen und anbraten.
Die Chilischote entkernen, fein hacken und mit Chilipulver, Kreuzkümmel und Paprikapulver zugeben. Salzen und pfeffern.

Tomatenmark, Tomaten, Zimtstange, Lorbeer und 200 ml Wasser hinzufügen. Gut umrühren und 40 Min. zugedeckt köcheln
lassen. 10 Min. vor Ende der Garzeit die Bohnen zugeben.

CHILI MIT SCHOKOLADENSAUCE

500 g Rindfleisch (Nacken, Schulter, Bein) /
4 EL Olivenöl / 2 Zwiebeln / 2 Knoblauchzehen / 3 rote Paprika / 1 rote Chilischote /
2 EL edelsüßes Paprikapulver / 2 TL Kreuzkümmel / 1 TL Oregano / 2 EL Tomatenmark /
1 EL brauner Zucker / 1 Dose Kidneybohnen
(400 g) / 1 Dose Weiße Bohnen (500 g) /
1 Dose Mais (285 g) / 1 Dose stückige Tomaten
(400 g) / 30 g Zartbitter-Kuvertüre / Salz /
Pfeffer

Fleisch fein würfeln und ca. 5 Min. sehr heiß in
einem großen Topf mit Öl anbraten.

Zwiebeln und Knoblauch fein hacken. Paprika
in Streifen, Chilischote in Ringe schneiden. Alle
Zutaten und Gewürze mit Tomatenmark und
Zucker in den Topf geben und 6 Min. mitbraten.

800 ml Wasser erhitzen und mit Bohnen,
Mais und Tomaten in den Topf gießen. Ca.
40 Min. offen köcheln lassen. 5 Min. vor Ende der
Garzeit die Schokolade unterrühren. Mit Salz und
Pfeffer abschmecken.

MEIN ♥-REZEPT

CHILI CON CHICKEN

500 g Hähnchenbrustfilet / 2 rote Chilischoten / 2 gelbe Paprika / 2 Bund Frühlings-zwiebeln / 2 EL Olivenöl / 2 Knoblauchzehen / 2 EL Erdnusscreme / 2 EL Tomaten-mark / 600 ml Hühnerbrühe / 2 Dosen Weiße Bohnen (je 500 g) / Salz / Pfeffer

Fleisch in mundgerechte Stücke schneiden. Chilischoten fein hacken, Paprika in Würfel, Zwiebeln in Ringe schneiden. Zwiebeln mit dem Öl 1 Min. in einer großen Pfanne an-braten. Die anderen Zutaten dazugeben und 3 Min. unter Rühren braten. Knoblauch da-rüber pressen. Erdnusscreme und Tomatenmark unterrühren. Mit der Brühe ablöschen und ca. 20 Min. köcheln lassen. 10 Min. vor Ende der Garzeit Bohnen hinzugeben. Mit Salz und Pfeffer abschmecken.

ORIENTALISCHES CHILI

2 rote Chilischoten / 4 gelbe Paprika / 1 EL Kreuzkümmel / 1 TL Zimt / 1 TL Koriander / 1 rote Zwiebel / 2 Knoblauch-zehen / 4 EL Olivenöl / 500 g Lammhackfleisch / 1 Dose stückige Tomaten (400 g) / 1 EL Tomatenmark / 1 EL Haris-sa / 2 Dosen Kidneybohnen (je 400 g) / 1 Dose Mais (285 g)

Chilischoten und Paprika in Ringe schneiden. Gewürze in einem großen Topf 2 Min. unter Rühren rösten und herausnehmen.

Zwiebel und Knoblauch fein hacken und in dem Topf mit Öl glasig dünsten. Fleisch hinzugeben und 10 Min. braten. Chili- und Paprikaschoten, die gerösteten Gewürze, Tomaten, Tomatenmark und Harissa dazugeben und 25 Min. köcheln lassen.

10 min. vor Ende der Garzeit Bohnen und Mais unterrühren.

CHILI SIN CARNE

150 g Couscous / 3 Möhren / 2 rote Zwiebeln / 2 Knoblauchzehen / 3 EL Olivenöl / 1 Dose geschäl-te Tomaten (400 g) / 1 EL Chilipulver / 1 EL Kreuz-kümmel / 1 l Gemüsebrühe / 1 Dose Kidneybohnen (400 g) / 1 Dose Weiße Bohnen (500 g) / 1 Dose Mais (285 g) / 1 Limette / 80 g Sahne / Salz / Pfeffer / 1 Handvoll frischer Koriander

Couscous in eine Schüssel geben und mit 180 ml kochendem Wasser übergießen, max. 10 Min. quellen lassen. Möhren in kleine Würfel schneiden.

Zwiebeln und Knoblauch fein hacken und in einer großen Pfanne mit dem Öl glasig dünsten. Möhren, Tomaten, Gewürze und Brühe hinzugeben und 15 Min. bei mittlerer Hitze köcheln lassen.

Bohnen, Mais und Couscous dazugeben und 5 Min. mitkochen. Limette auspressen und mit der Sahne unterrühren. Mit Salz und Pfeffer ab-schmecken und mit Korianderblättern garnieren.

HÜHNERSUPPE

HÜHNERBRÜHE

1 Zwiebel / 1 Suppenhuhn (ca. 2,5 kg) / 1 Handvoll Kräuter
(z. B. Thymian, Petersilie, Lorbeer, Liebstöckel) / 5 Wacholderbeeren / 4 Nelken / 1 EL schwarze Pfefferkörner / 1 Bund
Suppengrün / Salz / Pfeffer

Zwiebel halbieren und mit den Schnittflächen nach unten auf den
Boden eines großen Topfes legen. Erhitzen und die Zwiebel solange anbraten, bis sich Röststoffe bilden. Das Huhn, die Kräuter und
Gewürze zugeben und mit 5 l kaltem Wasser auffüllen. Die Brühe
bei mittlerer Hitze 3–4 Std. mit halb aufgelegtem Deckel köcheln
lassen. Trübstoffe zwischendurch abschöpfen.

Suppengrün in grobe Stücke schneiden, 1 Std. vor Ende der
Garzeit dazugeben und mitkochen. Huhn und Gemüse aus dem
Topf nehmen und die Brühe durch ein Sieb in einen anderen Topf
gießen, mit Salz und Pfeffer abschmecken.

HÜHNERSUPPE MIT GEMÜSE

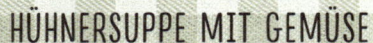

500 g gekochtes Suppenhuhn / 2 Möhren / 2 Kohlrabi / 1 Süßkartoffel / 150 g TK-Erbsen / ½ Bund
Petersilie / 1,2 l Hühnerbrühe / Salz / Pfeffer

Hühnerfleisch vom Knochen
lösen und in Stücke schneiden. Möhren, Kohlrabi
und Kartoffel ca. 1 cm
groß würfeln. Peter-
silienblätter ha-
cken. Alles mit
den Erbsen in
die Hühnerbrühe
geben, aufkochen
und 15 Min. garen.
Mit Salz und Pfeffer
abschmecken.

MEDITERRANE HÜHNER-NUDELSUPPE

500 g gekochtes Suppenhuhn / ½ Brokkoli / 2 Möhren / 1 Stange Staudensellerie /
2 Strauchtomaten / 1,2 l Hühnerbrühe /
125 g Spaghetti / 4 Zweige Thymian /
3 Zweige Oregano / Salz / Pfeffer / 4 Stiele
glatte Petersilie / 50 g Parmesan

Hühnerfleisch vom Knochen lösen und in
Stücke schneiden. Brokkoliröschen vom
Strunk trennen. Möhren und Sellerie in
Scheiben schneiden, Tomaten würfeln. Alles
in die Hühnerbrühe geben, aufkochen und
15 Min. garen.

Spaghetti in ca. 5 cm lange Stücke bre-
chen, mit den Thymian- und Oreganoblättern
8 Min. vor Ende der Garzeit hinzugeben und
fertig garen. Mit Salz und Pfeffer abschmecken. Petersilie hacken, Parmesan grob
hobeln. Beides über die Suppe streuen.

ASIATISCHE HÜHNER-NUDELSUPPE

100 g Mie-Nudeln / 1 Zwiebel /
40 g Ingwer / 2 rote Chilischoten /
500 g Hähnchenbrustfilet / 1,2 l Hühnerbrühe / 300 g Zuckerschoten / ¼ Chinakohl / 1 Limette / 8 EL Sojasauce /
2 TL Fischsauce / 6 Stiele Koriander

Nudeln mit kochendem Wasser übergießen und nach
Packungsanweisung quellen lassen. Zwiebel halbieren.
Ingwer in dicke Scheiben schneiden. Chilischoten längs einschneiden. Alles mit dem Hähnchenfilet und der Brühe in einen Topf geben,
aufkochen und zugedeckt bei mittlerer Hitze ca. 15 Min. garen.

Zuckerschoten halbieren. Chinakohl in ca. 5 cm lange feine Streifen
schneiden. 3 Min. vor Ende der Garzeit das Fleisch herausnehmen, in mundgerechte Scheiben schneiden und mit Zuckerschoten, Kohl und Nudeln
zurück in den Topf geben. Ingwer und Zwiebeln aus der Brühe schöpfen.

Limette auspressen. Suppe mit Soja- und Fischsauce sowie Limettensaft
abschmecken. Korianderblättchen abzupfen und über die Suppe streuen.

MEIN ♥-REZEPT

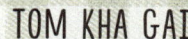

TOM KHA GAI

2 Stiele Zitronengras / 40 g Galgantwurzel / 1 grüne Chilischote / 1 rote Chilischote / 4 Stiele Koriander / 600 ml Hühnerbrühe / 600 ml Kokosmilch / 3 Kaffirlimettenblätter / 4 EL Fischsauce / 8 EL Sojasauce / 3 Frühlingszwiebeln / 200 g Shiita-
ke-Pilze / 150 g Bambussprossen / 500 g Hähnchenbrustfilet / 1 Limette

Zitronengras flach klopfen und in 4 cm lange Stücke
schneiden. Galgantwurzel in feine Streifen, Chilischoten in feine Ringe schneiden. Die Hälfte der
Korianderstiele fein hacken. Alles zusammen mit Brühe, Kokosmilch und Kaffir-
limettenblättern in einen Topf geben,
aufkochen, mit Fisch- und Sojasauce
würzen und ca. 5 Min. ziehen lassen.

Zwiebeln, Pilze und Bambussprossen klein schneiden. Hähnchenfleisch
in ca. 3 cm große Stücke schneiden.
Alles in die Suppe geben und bei
milder Hitze 10 Min. garen. Limette
darüber auspressen. Die Suppe mit den
Korianderblättern bestreuen.

RINDERSUPPE

MEIN ♥-REZEPT

1 RINDERBRÜHE

1 Zwiebel / 1 kg Rindfleisch (z. B. Beinscheiben) / 1 Hand-voll Kräuter (z. B. Petersilie, Thymian, Lorbeer, Lieb-stöckel) / 10 schwarze Pfefferkörner / 2 Gewürznelken / 1 Möhre / 1 Stange Staudensellerie / 50 g Knollen-sellerie / 2 Knoblauchzehen / Salz / Pfeffer

Zwiebel halbieren und die Hälften mit den Schnittflächen nach unten auf den Boden eines großen Topfes legen. Erhitzen und solange anbraten, bis sich Röststoffe bilden. Das Rindfleisch, die Kräuter und Gewürze zugeben und mit 3 l kaltem Wasser auffüllen. Die Brühe bei mittlerer Hitze 2,5 Std. mit halb aufgelegtem Deckel köcheln lassen. Trüb-stoffe zwischendurch abschöpfen.

Möhre und Sellerie in grobe Stücke schneiden, Knob-lauch leicht andrücken. Alles 45 Min. vor Ende der Garzeit dazugeben und mitkochen. Fleisch und Gemüse aus dem Topf nehmen und die Brühe durch ein Sieb in einen ande-ren Topf gießen, mit Salz und Pfeffer abschmecken.

4 RINDFLEISCHEINTOPF MIT KICHER-ERBSEN UND KÜRBIS

500 g kleine vorwiegend festkochende Kartoffeln / 2 EL Olivenöl / 1 EL Butter / 2 Zwiebeln / 2 Knoblauch-zehen / 100 ml Weißwein / 600 g Hokkaido / 4 Frühlings-zwiebeln / 1 Dose geschälte Tomaten (400 g) / 4 Stiele Salbei / 1,2 l Rinderbrühe / 1 TL Muskat / Salz / Pfeffer / 500 g gekochtes Rindfleisch / 1 Dose Kichererbsen (265 g)

Kartoffeln zu Spalten schneiden und in einem großen Topf mit Öl und Butter 5–6 Min. anbraten. Zwiebeln und Knoblauch hacken, zugeben und glasig dünsten. Mit Wein ablöschen und fast vollständig einkochen lassen.

Kürbis würfeln, Frühlingszwiebeln in Ringe schneiden. Beides mit Tomaten, Tomatensud und Salbeiblättern in den Topf geben. Verrühren und dabei die Tomaten grob zerkleinern. Mit der Rinderbrühe auffüllen, mit Muskat, Salz und Pfeffer würzen und zugedeckt ca. 15 Min. gar kochen. Fleisch in 1 cm große Würfel schneiden, mit den Kicher-erbsen in den Eintopf geben, umrühren und kurz ziehen lassen.

2 PFANNKUCHENSUPPE

6 Pfannkuchen (S. 178) / 1,2 l Rinderbrühe / 4 Stiele glatte Petersilie

Pfannkuchen einrollen, in 0,5 cm breite Streifen schneiden und als Einlage in der Rindersuppe erhitzen. Petersilien-blätter hacken und darüber streuen.

3 BUNTE RINDFLEISCHSUPPE

500 g gekochtes Rindfleisch / 2 Möhren / 50 g Knollen-sellerie / 1 Petersilienwurzel / 1 Stange Lauch / 1,2 l Rin-derbrühe / 200 g Suppennudeln (z. B. Risoni oder Pas-tina) / Salz / Pfeffer / ½ Bund Schnittlauch

Rindfleisch vom Knochen lösen und in mundgerechte Stü-cke schneiden. Möhren, Sellerie, Petersilienwurzel und Lauch in ca. 1 cm große Stücke schneiden. Alles in die Rin-derbrühe geben, aufkochen und 10 Min. garen. Die Suppen-nudeln hinzugeben und weitere 6–7 Min. fertig garen. Mit Salz und Pfeffer abschmecken. Schnittlauch in feine Röllchen schneiden und über die Suppe streuen.

5 GULASCHSUPPE

500 g Rindfleisch (aus der Schulter) / 2 rote Paprika / 2 gelbe Paprika / 2 rote Zwiebeln / 2 Knoblauchzehen / 3 EL Öl / 4 EL Tomatenmark / 2 EL scharfes Paprika-pulver / 2 EL edelsüßes Paprikapulver / 250 ml Rotwein / 1,2 l Rinderbrühe / 500 g vorwiegend festkochende Kar-toffeln / ½ Bio-Zitrone / 2 TL Kümmel / Salz / Pfeffer

Fleisch und Paprika in 2 cm breite Würfel schneiden, Zwie-beln und Knoblauch hacken. Alles in einem großen Topf mit Öl 5 Min. anbraten. Tomatenmark und Paprikapulver unterrühren, mit Wein und Brühe ablöschen. Zugedeckt bei mittlerer Hitze 1 Std. köcheln lassen.

Kartoffeln 2 cm breit würfeln und 20 Min. vor Ende der Garzeit in die Suppe geben. Zitronenschale abreiben, Kümmel im Mörser fein reiben. Beides über die Suppe streuen, salzen und pfeffern.

TOMATENSUPPE

MEIN ♥-REZEPT

TOMATENSUPPE MIT ORANGEN-CROÛTONS

6 EL Olivenöl / 1 EL Rohrohrzucker / 1,5 kg Tomaten /
1 Zweig Rosmarin / 5 Zweige Thymian / 4 Knoblauchzehen / 2 Lorbeerblätter / ½ Bio-Orange / 75 g Butter / Salz / 5 Stiele Basilikum / ½ rustikales Baguette
(S. 136) / 3 EL Aceto Balsamico / Pfeffer

4 EL Öl in einem Topf erhitzen und den Boden mit
Zucker bestreuen. Tomaten halbieren und mit den
Schnittflächen auf den Topfboden legen. Rosmarin und
Thymian hacken, mit Knoblauch und Lorbeer zugeben.
Zugedeckt 5 Min. bei mittlerer Hitze dünsten, 500 ml
Wasser zugeben und weitere 15 Min. garen.

Orangenschale abreiben, mit Butter verrühren und
salzen. Basilikum hacken, eine Hälfte davon unterrühren. Baguette schräg in Scheiben schneiden, mit Butter
bestreichen und auf einem Blech im Ofen bei 200 °C
5–10 Min. goldbraun rösten.

Lorbeer aus der Suppe nehmen, diese mit dem Stabmixer fein pürieren. Mit Essig, 2 EL Öl, Salz und Pfeffer,
abschmecken und mit dem Rest Basilikum bestreuen.
Brot würfeln und über die Suppe geben.

GAZPACHO ANDALUZ

1 Salatgurke / 1 Scheibe Toastbrot / 1 grüne Paprika /
1 rote Peperoni / Salz / 5 Tomaten / 1 Knoblauchzehe / 2 EL Weißweinessig / 6 EL Olivenöl / Pfeffer /
150 g Schafskäse

Gurke schälen, Toastbrot entrinden. Beides mit der Paprika und der Peperoni in grobe Stücke schneiden und
in einen großen Rührbecher geben. Umrühren, salzen
und 15 Min. stehen lassen.

Tomaten und Knoblauchzehe vierteln. Beides mit
100 ml Wasser, Essig und 4 EL Öl in den Rührbecher
geben und mit dem Stabmixer pürieren. Salzen und
pfeffern. Gazpacho mind. 30 Min. im Kühlschrank
ziehen lassen. Suppe umrühren und mit zerbröseltem
Schafskäse, 2 EL Öl und Pfeffer garnieren.

TOMATENSUPPE MIT PINIENKERNEN

1 Zwiebel / 2 EL Olivenöl / 1 EL Rohrohrzucker / 6 EL Tomatenmark / 2 Dosen stückige Tomaten (je 400 g) / 800 ml Gemüsebrühe (S. 38) / Salz / Cayennepfeffer / 2 EL Crème fraîche / 2 EL Pinienkerne / ½ Bund Basilikum

Zwiebel klein hacken, in einem Topf mit Öl glasig dünsten und mit Zucker karamellisieren. Tomatenmark dazugeben und kurz mitgaren. Mit den Tomatenstücken und der Brühe ablöschen und alles ca. 15 Min. köcheln lassen.

Die Suppe mit dem Stabmixer pürieren und mit Salz und Pfeffer abschmecken. Crème fraîche darüber klecksen. Pinienkerne in einer Pfanne goldbraun rösten. Basilikumblätter fein schneiden. Beides auf die Suppe streuen.

PAPRIKA-TOMATEN-SUPPE

2 Knoblauchzehen / 4 Schalotten / 4 rote Paprika / 2 EL Olivenöl / 1 Pr. Rohrohrzucker / 50 ml Portwein / 2 Dosen stückige Tomaten (je 400 g) / Salz / Pfeffer / 12 – 16 mediterrane Fleischbällchen (S. 71)

Knoblauch und Schalotten fein würfeln, Paprika grob schneiden und beides in einem Topf mit Öl bei mittlerer Hitze andünsten. Mit Zucker karamellisieren, mit Portwein ablöschen und einkochen lassen. Tomaten und 1 l Wasser zugeben, salzen und bei milder Hitze 20 Min. zugedeckt köcheln lassen.

Die Suppe mit dem Stabmixer fein pürieren und mit Salz und Pfeffer abschmecken. Je Portion 3–4 Fleischbällchen zur Suppe reichen.

TOMATEN-MELONEN-GAZPACHO

4 Tomaten / ½ Wassermelone / 2 Schalotten / 1 Knoblauchzehe / ½ Zitrone / 4 EL Olivenöl / 30 g gemahlene Mandeln / 4 Zweige Minze / Salz / Pfeffer / 2 EL Mandelblättchen / 1 Pr. Pul Biber

Tomaten schälen, Melone grob würfeln, Schalotten und Knoblauch fein hacken. Zitrone auspressen. Alles mit 2 EL Öl, den gemahlenen Mandeln und der Minze mit dem Stabmixer in einer Schüssel pürieren. Mind. 1 Std. kalt stellen.

Suppe umrühren, mit Salz und Pfeffer abschmecken. Mandelblättchen in einer Pfanne goldbraun rösten und darüber streuen. Suppe mit 2 EL Öl und Pul Biber garnieren.

KARTOFFELSUPPE

KARTOFFELSUPPE MIT LACHS UND MEERRETTICHSAHNE

800 g vorwiegend festkochende Kartoffeln / 1 große Zwiebel / 2 EL Olivenöl / 1 l Gemüsebrühe (S. 38) / 200 g Sahne / 1 TL Muskat / Salz / Pfeffer / 200 g Räucherlachs / 50 g Meerrettich / 6 Stiele Dill

Kartoffeln klein schneiden, Zwiebel hacken. Öl in einem Topf erhitzen und die Zwiebel darin glasig dünsten. Kartoffeln zufügen, 2 Min. anbraten und mit der Gemüsebrühe ablöschen. Suppe zugedeckt bei mittlerer Hitze 25–30 Min. kochen lassen.

Suppe mit einem Stabmixer pürieren, mit 100 g Sahne verfeinern und mit Muskat, Salz und Pfeffer würzen. Räucherlachs in feine Streifen schneiden. 100 g Sahne steif schlagen, Meerrettich fein reiben und unterrühren. Beides unter die Suppe heben. Dill fein hacken und darüber streuen.

KARTOFFELSUPPE MIT WÜRSTCHEN

750 g vorwiegend festkochende Kartoffeln / 2 Möhren / 300 g Sellerieknolle / 1 Stange Lauch / 2 Zwiebeln / 2 EL Butter / 2 Lorbeerblätter / 1,3 l Gemüsebrühe (S. 38) / 4 Wiener Würstchen / 1 TL Muskat / Salz / Pfeffer / ½ Bund Petersilie

Kartoffeln, Möhren, Sellerie und Lauch grob würfeln. Zwiebeln fein hacken. Alles in einem großen Topf mit Butter andünsten. Lorbeer zugeben und mit der Gemüsebrühe ablöschen. Zugedeckt bei mittlerer Hitze 20 Min. köcheln lassen.

Lorbeer entfernen, Suppe mit dem Stabmixer leicht sämig pürieren. Würstchen in Stücke schneiden und 10 Min. mitköcheln lassen. Suppe mit Muskat, Salz und Pfeffer abschmecken. Petersilie hacken und über die Suppe streuen.

KARTOFFEL-LAUCH-SUPPE MIT KÄSE

750 g vorwiegend festkochende Kartoffeln / 2 Möhren / 250 g Knollensellerie / 2 Stangen Lauch / 20 g Butterschmalz / 1 l Gemüsebrühe (S. 38) / 200 g Kräuterschmelzkäse / 1 TL Koriander / Salz / Pfeffer / 2 Frühlingszwiebeln

Kartoffeln, Möhren und Sellerie würfeln, Lauch in Ringe schneiden. Butterschmalz in einem großen Topf erhitzen und das Gemüse darin andünsten, mit der Gemüsebrühe ablöschen. Suppe zugedeckt bei mittlerer Hitze ca. 25–30 Min. kochen lassen.

Käse in die Suppe geben und alles mit dem Stabmixer pürieren. Suppe mit Koriander, Salz und Pfeffer abschmecken. Frühlingszwiebeln in feine Ringe schneiden und über die Suppe streuen.

KARTOFFEL-SELLERIE-SUPPE MIT APFEL

300 g vorwiegend festkochende Kartoffeln /
500 g Knollensellerie / 1 Zwiebel / 2 EL Olivenöl / 2 Äpfel / 1 TL Zucker / 50 ml Weißwein /
1 l Gemüsebrühe (S. 38) / ½ Vanilleschote /
150 g Sahne / Salz / Pfeffer / 2 EL Weißweinessig /
30 g Walnusskerne / 1 EL rosa Pfefferbeeren

Kartoffeln und Sellerie grob würfeln. Zwiebel fein
hacken. Alles in einem großen Topf mit Öl andünsten. Äpfel grob schneiden, hinzugeben und
2 Min. mitdünsten. Mit Zucker karamellisieren und
mit Weißwein ablöschen. Die Gemüsebrühe hinzugießen. Das Mark aus der Vanilleschote kratzen und
beides in den Topf geben.

Bei mittlerer Hitze 15 – 20 Min. zugedeckt köcheln lassen. Vanilleschote entfernen. Suppe mit
einem Stabmixer pürieren, mit Sahne verfeinern
und mit Salz, Pfeffer und Essig abschmecken.

KARTOFFELSUPPE MIT SPECK UND WALNUSSPESTO

800 g vorwiegend festkochende Kartoffeln / 100 g durchwachse-
ner Speck / 1 große Zwiebel / 3 EL Olivenöl / 1 l Gemüsebrühe
(S. 38) / 200 g Sahne / Salz / Pfeffer / 100 g Walnusspesto
(S. 141)

Kartoffeln und Speck klein schneiden, Zwiebel hacken. 2 EL Öl in
einem Topf erhitzen, die Zwiebel und 50 g Speck darin anbraten.
Kartoffeln zufügen, 2 Min. mitdünsten und mit der Gemüsebrühe
ablöschen. Suppe zugedeckt bei mittlerer Hitze 25 – 30 Min. kochen
lassen.

Suppe mit einem Stabmixer pürieren, mit Sahne verfeinern, salzen und pfeffern. 50 g Speck in einer Pfanne mit 1 EL Öl knusprig
ausbraten und mit dem Pesto auf die Suppe geben.

MEIN ♥ -REZEPT

KÜRBIS- & MÖHRENSUPPE

KÜRBIS-ORANGEN-SUPPE MIT KÜRBISKERNEN

1 Hokkaido / 2 Zwiebeln / 2 Knoblauchzehen / 40 g Ingwer / 1 rote Chilischote / 3 EL Olivenöl / 600 ml Gemüsebrühe (S. 38) / 300 ml Orangensaft / Salz / Pfeffer / 2 EL Kürbiskerne / 1 EL Kürbiskernöl

Kürbis samt Schale grob würfeln. Zwiebeln, Knoblauch und Ingwer fein würfeln. Chili entkernen und klein schneiden. Alles mit Öl in einem großen Topf andünsten. Mit Brühe und Orangensaft ablöschen. Zugedeckt bei mittlerer Hitze ca. 25 Min. köcheln lassen.

Suppe mit dem Stabmixer pürieren, mit Salz und Pfeffer abschmecken. Kürbiskerne in einer Pfanne goldbraun rösten und mit dem Kürbiskernöl über die Suppe verteilen.

KÜRBISSUPPE MIT SPECK UND PFIFFERLINGEN

1 Hokkaido / 1 Zwiebel / 1 Knoblauchzehe / 20 g Ingwer / 30 g Butter / 2 Zweige Rosmarin / 1 l Gemüsebrühe (S. 38) / 50 g durchwachsener Speck / 1 EL Olivenöl / 125 g Pfifferlinge / 1 Pr. Rohrohrzucker / 1 Zitrone / 150 g Sahne / Salz / Pfeffer

Kürbis samt Schale grob schneiden. Zwiebel, Knoblauch und Ingwer fein würfeln. Butter in einem großen Topf erhitzen, alles darin mit den Rosmarinzweigen 2–3 Min. andünsten. Mit Brühe ablöschen und die Suppe ca. 25 Min. bei mittlerer Hitze zugedeckt köcheln lassen.

Speck fein würfeln, in einer großen Pfanne mit Öl knusprig ausbraten und beiseite legen. Pfifferlinge in die Pfanne geben, anbraten und mit Zucker karamellisieren. Speck hinzufügen.

Rosmarinzweige aus der Suppe entfernen. Zitrone über der Suppe auspressen. Sahne halbsteif schlagen und bis auf 2 EL hinzugeben, dann die Suppe pürieren. Mit Salz und Pfeffer abschmecken und mit Sahneklecksen und Speckpilzen dekorieren.

MEIN ♥-REZEPT

MÖHREN-ORANGEN-SUPPE MIT ZIMT-CROÛTONS

500 g Möhren / 20 g Ingwer / 2 Zwiebeln / 1 Knoblauchzehe / 2 EL Rapsöl / 1 EL Rohrohrzucker / 600 ml Gemüsebrühe (S. 38) / 200 ml Orangensaft / 200 ml Kokosmilch / Salz / Pfeffer / 2 Scheiben Toastbrot / 30 g Butterschmalz / 1 TL Zimt

Möhren grob schneiden. Ingwer, Zwiebeln und Knoblauch klein würfeln. Öl in einem großen Topf erhitzen. Möhren und Zwiebeln unter Rühren 3 Min. dünsten. Knoblauch unterrühren. Mit Zucker karamellisieren. Mit Gemüsebrühe und Orangensaft ablöschen und zugedeckt bei mittlerer Hitze 20–25 Min. köcheln lassen.

Kokosmilch zur Suppe geben und mit einem Stabmixer pürieren. Salzen und pfeffern. Toastbrot in Würfel schneiden und in einer Pfanne mit Schmalz goldbraun rösten. Mit Zimt würzen und über die Suppe geben.

SÜSSKARTOFFEL-MÖHREN-SUPPE MIT MACADAMIA-CRUNCH

500 g Möhren / 1 Süßkartoffel / 2 Zwiebeln / 40 g Ingwer / 2 Knoblauchzehen / 1 kleine Chilischote / 2 EL Rapsöl / 1 EL Rohrohrzucker / 100 ml Orangensaft / 1 l Gemüsebrühe (S. 38) / 1 Zitrone / Salz / Pfeffer / 40 g Macadamia-Nüsse / 10 g Butter / 1 EL Honig / Ras el-Hanout

Möhren, Süßkartoffel und Zwiebeln in grobe Stücke schneiden. Ingwer, Knoblauch und Chilischote klein hacken. Alles mit Öl in einem großen Topf unter Rühren anbraten und mit Zucker karamellisieren. Mit Orangensaft und Brühe ablöschen und zugedeckt 20–25 Min. köcheln lassen.

Suppe pürieren, Zitrone hineinpressen und mit Salz und Pfeffer abschmecken. Macadamia-Nüsse grob hacken. In der Butter rösten, mit Honig karamellisieren und mit Ras el-Hanout würzen. Den Macadamia-Crunch über der Suppe verteilen.

LINSEN-MÖHREN-SUPPE MIT KREUZKÜMMEL-JOGHURT

500 g Möhren / 2 Zwiebeln / 1 Stück Ingwer / 2 Knoblauchzehen / 1 kleine Chilischote / 2 EL Rapsöl / 160 ml Orangensaft / 150 g rote Linsen / Salz / 1½ TL Chilipulver / 1½ TL Kreuzkümmel / 1 TL Honig / 150 g Schafsmilchjoghurt / 1 Pr. Pul Biber

Möhren und Zwiebeln in grobe Stücke schneiden. Ingwer, Knoblauch und Chilischote klein hacken. Alles in einem großen Topf mit Öl unter Rühren anbraten. Mit 100 ml Orangensaft und 1 l Wasser aufgießen, Linsen zugeben. Mit Salz, 1 TL Chilipulver und 1 TL Kreuzkümmel würzen. Zugedeckt ca. 20 Min. garen. Danach pürieren.

60 ml Orangensaft mit ½ TL Chilipulver, ½ TL Kreuzkümmel und Honig und in einer kleinen Kasserolle um die Hälfte einkochen lassen. Abgekühlt mit dem Joghurt vermischen und auf die Suppe klecksen. Mit Pul Biber würzen.

EINTOPF

ERBSENEINTOPF MIT WIENER WÜRSTCHEN

200 g getrocknete grüne Erbsen / 3 Stiele Majoran / 1 Lorbeerblatt / 100 g durchwachsener Speck / 1 EL Rapsöl / 300 g vorwiegend festkochende Kartoffeln / 2 Möhren / 300 g Knollensellerie / 1 Stange Lauch / Salz / Pfeffer / 3 EL Weißweinessig / 4 Wiener Würstchen

Erbsen in einem Topf mit kaltem Wasser über Nacht einweichen lassen. Abgießen und in 1 l Einweichwasser mit Majoran und Lorbeer zugedeckt bei mittlerer Hitze 1 Std. köcheln lassen.

Speck würfeln und in einer großer Pfanne mit Öl glasig ausbraten. Kartoffeln, Möhren und Sellerie in 1 cm große Würfel, Lauch in 1 cm dicke Ringe schneiden. Alles in die Pfanne geben und 3 Min. andünsten. Nach 30 Min. Garzeit alles zu den Erbsen geben und zu Ende garen.

Majoran und Lorbeer entfernen. Suppe mit dem Stabmixer leicht sämig anpürieren und mit Salz, Pfeffer und Essig abschmecken. Wiener Würstchen im Eintopf erwärmen.

LINSENSUPPE MIT SALSICCIA

300 g Knollensellerie / 2 Möhren / 1 Stange Lauch / 1 Zwiebel / 3 EL Olivenöl / 1 TL Rohrohrzucker / 250 g Pardina-Linsen (alternativ Tellerlinsen) / 2 Lorbeerblätter / 100 g durchwachsener Speck / 500 g vorwiegend festkochende Kartoffeln / 250 g Salsiccia / 4 EL Balsamico Bianco

Sellerie, Möhren und Lauch in kleine Stücke schneiden, Zwiebel hacken. Alles in einem großen Topf mit 2 EL Öl andünsten und mit Zucker karamellisieren. Linsen, Lorbeer, den Speck im Ganzen und 2 l Wasser zugeben und zugedeckt 45–50 Min. köcheln lassen.

Kartoffeln würfeln und ca. 20 Min. vor Ende der Garzeit zu den Linsen geben und fertig garen. Speck herausnehmen, Schwarte abschneiden, den Rest klein würfeln und in die Suppe geben. Lorbeer entfernen. Salsiccia in Scheiben schneiden, in einer Pfanne mit 1 EL Öl anbraten und mit dem Essig in die Suppe geben. Salzen und pfeffern.

MEIN ♥-REZEPT

BOHNENEINTOPF MIT BIRNE UND SPECK

10 Scheiben Bacon / 4 EL Öl / 1 Zwiebel / 500 g vorwiegend festkochende Kartoffeln /
4 Birnen / 1 l Gemüsebrühe (S. 38) / 6 Stiele Majoran / 1 Dose Weiße Bohnen (ca. 250 g) /
Salz / Pfeffer

Bacon in 4 cm breite Stücke schneiden und in einem Topf mit Öl knusprig braten,
herausnehmen und auf Küchenpapier abtropfen lassen. Zwiebel fein würfeln und im Bratfett
glasig dünsten. Kartoffeln in grobe Stücke, Birnen in dünne Spalten schneiden. Beides zugeben,
kurz mitdünsten. Mit der Brühe ablöschen und 20 Min. zugedeckt bei mittlerer Hitze garen.

    Suppe mit dem Stabmixer leicht sämig pürieren. Majoran fein hacken und mit den Bohnen unter-
mischen, ca. 5 Min. im Eintopf erwärmen. Mit Salz und Pfeffer würzen und mit Bacon garnieren.

LOMBARDISCHER BOHNENEINTOPF

1 Möhre / 3 Stangen Staudensellerie / 4 Zwiebeln / 4 EL Olivenöl / 2 Dosen Cannellini-Boh-
nen (je 250 g) / 4 Lorbeerblätter / 2 Tomaten /
2 TL Zucker / Salz / Pfeffer / 1 Bund glatte
Petersilie

Möhre, Sellerie und Zwiebeln fein würfeln und in
einem großen Topf mit Öl kurz anbraten. Bohnen
und Lorbeer hinzugeben, mit 4 l Wasser auffüllen
und 30 Min. auf mittlerer Hitze köcheln lassen.

    Tomaten würfeln, in den Topf geben und
weitere 30 Min. köcheln lassen. Lorbeer entfernen. Den Eintopf mit Zucker, Salz und Pfeffer
abschmecken. Petersilienblättchen fein hacken
und darüber
streuen.

KARTOFFEL-WIRSING-EINTOPF MIT METTBÄLLCHEN

100 g durchwachsener Speck / 2 EL Olivenöl /
400 g vorwiegend festkochende Kartoffeln /
300 g Möhren / ½ Wirsing / 2 Zwiebeln / 1 TL Kümmelsaat /
Salz / Pfeffer / 1 l Gemüsebrühe (S. 38) / 4 TL Tafel-Meerrettich / 1 TL Muskat / Frikadellen (S. 70, Mett statt Hackfleisch
verwenden) / ½ Bund Schnittlauch

Speck fein würfeln, in einem großen Topf mit Öl anbraten und
herausnehmen. Kartoffeln und Möhren in ca. 1 cm breite Würfel,
Wirsing in ca. 1 cm breite Streifen schneiden. Zwiebeln hacken.
Alles ins Bratfett geben und unter Rühren 4–5 Min. anbraten. Mit
Kümmel, Salz und Pfeffer würzen. Speck zugeben und mit 1 l Brühe
ablöschen. Zugedeckt bei mittlerer Hitze 30 Min. köcheln lassen.

    Eintopf mit Meerrettich, Muskat, Salz und Pfeffer abschme-
cken und mit den Mettbällchen anrichten. Schnittlauch in
Röllchen schneiden und darüber streuen.

SPAGHETTI 56
- Spaghetti Bolognese
- Spaghetti aglio e olio
- Spaghetti Vongole
- Zucchini-Spaghetti mit Lachs
- Spaghetti Carbonara

PENNE, FARFALLE & CO. 58
- Penne mit Tomatensauce und Parmesan
- Farfalle in Schinken-Pilzrahm
- Casarecce mit Gemüse und Ziegenkäse
- Orecchiette mit Rucola, Feta und Walnusspesto
- Tortiglioni mit Kürbis, Kichererbsen und Lamm

GEFÜLLTE PASTA 60
- Spinatravioli
- Kalbstortellini in Tomatensugo
- Maultaschen
- Steinpilzravioli
- Ricotta-Walnuss-Ravioli in Orangenbutter

RISOTTO 62
- Safranrisotto
- Rucola-Pinienkern-Risotto
- Brokkoli-Risoni-Risotto mit Schafskäse
- Graupen-Kürbis-Risotto
- Pilzrisotto

LASAGNE 64
- Lasagne Bolognese
- Spinat-Lachs-Lasagne
- Gemüselasagne
- Kürbislasagne
- Pilzlasagne

PIZZA 66
- Pizza Margherita
- Pizza Verdura alla Griglia
- Pizza Salsiccia
- Pizza Bianca
- Pizza Napoli

HUHN SPEZIAL 68
- Zitronen-Rosmarin-Hähnchenbrust
- Scharfe Hähnchen-Saté mit Mango-Salsa
- Hähnchenkeulen mit buntem Blechgemüse
- Coq au vin
- Brathähnchen aus dem Ofen

FRIKADELLEN 70
- Klassische Frikadellen
- Mediterrane Fleischbällchen
- Spanische Rindfleischbällchen
- Orientalische Lammfleischbällchen
- Fischbällchen

SCHNITZEL 72
- Wiener Schnitzel
- Schweineschnitzel in der Mandelkruste
- Putenschnitzel im Kokosmantel
- Cordon Bleu
- Kohlrabischnitzel

STEAKS 74
- Rumpsteak mit Kräuterbutter
- Saltimbocca alla Romana
- Lammlachse mit Petersilien-Zwiebel-Salat
- Puten-Saltimbocca mit Peperonata
- Schweinemedaillons mit Pfefferrahm

BRATEN 76
- Schweinebraten
- Rinderschmorbraten
- Mediterraner Hackbraten
- Truthahnbraten
- Pulled Pork

ROULADEN 78
- Rinderrouladen
- Kalbsrouladen mit Pilzfüllung
- Hähnchen-Involtini
- Kohlrouladen mit Hack
- Wirsingrouladen mit Forelle

GESCHNETZELTES 80
- Rindergeschnetzeltes mit Pfifferlingen
- Exotisches Putengeschnetzeltes
- Geschnetzeltes Züricher Art
- Asiatisches Schweinegeschnetzeltes
- Mediterranes Kalbsgeschnetzeltes

GULASCH 82
- Ungarisches Gulasch
- Provenzalisches Rinderragout
- Szegediner Schweinegulasch
- Lammgulasch mit Kürbis
- Gemüsegulasch

CURRY 84
- Hähnchen-Curry
- Schweine-Curry
- Rindfleisch-Curry
- Garnelen-Curry
- Süßkartoffel-Curry

PAELLA 86
- Paella mit Venusmuscheln und Hähnchenschenkeln
- Paella mit Huhn und Garnelen
- Gemüsepaella
- Nudelpaella mit Chorizo
- Paella mit Meeresfrüchten

GEDÜNSTETER FISCH 88
- Rotbarsch im Gemüsenest
- Lachs im Tomaten-Dill-Päckchen
- Zander im Zitronenrahm
- Trota en Saôr
- Kabeljau in Senf-Dill-Sauce

GEBRATENER FISCH 90
- Lachs mit Zitronenbutter
- Zander im Speckmantel auf Balsamico-Linsen
- Rotbarsch mit Remoulade
- Garnelen mit Aioli
- Saibling mit Speck-Schalotten

BURGER 92
- Hamburger
- Sweet Potato Burger
- Salmon Burger
- Pulled Pork Burger
- Chicken Burger

GEFÜLLTES GEMÜSE 94
- Gefüllte Paprika mit Feta und Couscous
- Gefüllte Zucchini mit Bulgur und Ziegenkäse
- Gefüllte Paprika mit Lamm und Joghurt-Minz-Dip
- Gefüllte Aubergine mit Hirse und Ratatouille
- Gefüllte Paprika mit Süßkartoffeln, Pilzen und Hack

HAUPT-GERICHTE

SPAGHETTI

MEIN ♥ -REZEPT

1 SPAGHETTI BOLOGNESE

1 Möhre / 1 Stange Staudensellerie / 80 g durchwachsener Speck / 1 Zwiebel / 1 Knoblauchzehe / 2 EL Olivenöl / 400 g Rinderhackfleisch / Salz / Pfeffer / 2 EL Tomatenmark / 80 ml Rotwein / 1 Dose stückige Tomaten (400 g) / 200 ml Rinderbrühe (S. 45) / 1 Lorbeerblatt / Muskat / 500 g Spaghetti / 50 g Parmesan

Möhre, Sellerie und Speck sehr fein würfeln, Zwiebel und Knoblauch fein hacken. Alles in einem Topf mit Öl 8–10 Min. braten. Hackfleisch dazugeben und gut anbraten, salzen und pfeffern. Tomatenmark unterrühren. Mit Rotwein ablöschen und offen fast vollständig einkochen lassen. Tomaten, Brühe und das Lorbeerblatt zugeben und bei mittlerer Hitze ca. 20 Min. schmoren, gelegentlich umrühren.

Lorbeer herausnehmen, Mit Muskat, Salz und Pfeffer abschmecken. Spaghetti in Salzwasser nach Packungsanweisung bissfest garen und mit der Sauce Bolognese anrichten. Parmesan darüber reiben.

4 ZUCCHINI-SPAGHETTI MIT LACHS

2 Schalotten / 1 Knoblauchzehe / 4 EL Olivenöl / 1 kg dünne Zucchini / 75 ml Weißwein / 200 g Sahne / 150 g Zuckerschoten / 150 g TK-Erbsen / 200 g Räucherlachs / 1 Bio-Zitrone / Salz / Pfeffer / 4 Stiele Basilikum / 50 g Parmesan

Schalotten und Knoblauch fein würfeln und mit Öl in einer tiefen Pfanne glasig dünsten. Zucchini mit einem Spiralschneider (alternativ Sparschäler) in lange dünne Streifen schneiden und in der Pfanne ca. 3 Min. unter Wenden mitdünsten. Mit Wein ablöschen, Sahne zugießen und einköcheln lassen.

Zuckerschoten halbieren und mit den Erbsen 3 Min. in kochendem Salzwasser garen, Lachs in mundgerechte Stücke schneiden. Alles in die Pfanne geben. Schale der Zitrone abreiben, den Saft auspressen. Beides in die Pfanne geben. Die Zucchini-Spaghetti mit Salz und Pfeffer würzen. Basilikumblättchen fein hacken und darüber streuen. Parmesan darüber reiben.

2 SPAGHETTI AGLIO E OLIO

8 Knoblauchzehen / 2 rote Chilischoten / 100 ml Olivenöl / 1 Bund glatte Petersilie / 500 g Spaghetti / Salz / Pfeffer / 50 g Parmesan

Knoblauch in dünne Scheiben schneiden, Chilischoten fein hacken. Beides in einer Pfanne mit Öl 2 Min. scharf anbraten. Petersilienblättchen fein hacken und dazugeben.

Spaghetti in kochendem Salzwasser nach Packungsanweisung bissfest garen, tropfnass in die Pfanne geben und darin schwenken. Salzen, pfeffern und Parmesan darüber reiben.

3 SPAGHETTI VONGOLE

1 kg Venusmuscheln / 4 Knoblauchzehen / 2 rote Chilischoten / 16 Kirschtomaten / 8 EL Olivenöl / 200 ml Weißwein / 500 g Spaghetti / Salz / 1 Handvoll glatte Petersilie / Fleur de Sel

Muscheln unter fließend kaltem Wasser waschen, abtropfen lassen und geöffnete Stücke entfernen. Knoblauch in dünne Scheiben schneiden, Chilischoten fein hacken, Tomaten halbieren.

Knoblauch und Chili in einer großen Pfanne mit Öl anbraten. Muscheln, Tomaten und Wein zugeben und alles bei starker Hitze einige Min. garen, bis die Muscheln geöffnet sind.

5 SPAGHETTI CARBONARA

100 g Parmesan / 4 Eier / Salz / Pfeffer / 100 g durchwachsener Speck / 2 EL Olivenöl / 2 Knoblauchzehen / 500 g Spaghetti

Parmesan reiben, die Hälfte mit den Eier, Salz und Pfeffer in einer Schüssel mit dem Schneebesen verquirlen. Speck in Streifen schneiden, in einer großen Pfanne mit Öl ausbraten und beiseite legen. Knoblauch hacken und in der Pfanne andünsten.

Spaghetti in kochendem Salzwasser nach Packungsanweisung bissfest garen, im Bratfett schwenken und unter die Eier heben. Speck dazugeben und mit Pfeffer und restlichem Parmesan bestreuen.

PENNE, FARFALLE & CO.

1 PENNE MIT TOMATENSAUCE UND PARMESAN

2 Strauchtomaten / 1 kleine Zwiebel / 4 EL Olivenöl / 1 Pr. Rohrohrzucker / 30 ml Weißwein /
120 ml Tomatensugo (S. 144) / 2 EL Pinienkerne / 500 g Penne / Salz / 2 Stiele Basilikum / Pfeffer / 75 g Parmesan

Tomaten klein würfeln. Zwiebel hacken.
Beides in einer großen Pfanne mit
2 EL Öl dünsten, mit Zucker karamellisieren und mit Weißwein
ablöschen. Tomatensugo zufügen
und kurz aufkochen. Pinienkerne in
einer Pfanne goldbraun rösten.

Penne in kochendem Salzwasser
nach Packungsanweisung bissfest
garen. Basilikum hacken und dazugeben. Nudeln mit Tomatensauce
anrichten und mit 2 EL Öl, Pfeffer und
Pinienkernen garnieren. Parmesan grob
darüber hobeln.

2 FARFALLE IN SCHINKEN-PILZRAHM

25 g getrocknete Steinpilze / 300 g braune Champignons / 3 Schalotten / 1 Knoblauchzehe / 2 EL Olivenöl / 6 Scheiben Parmaschinken / 100 ml Marsala / 300 g Sahne / Salz / Pfeffer / 500 g Farfalle / 4 Stiele Petersilie / 50 g Parmesan

Steinpilze in 100 ml heißem Wasser, mind. 30 Min. einweichen lassen. Ausdrücken und klein hacken. Pilzsud aufbewahren. Champignons vierteln.

Schalotten und Knoblauch hacken und in einer großen Pfanne mit 2 EL Öl glasig dünsten. Pilze darin 3–5 Min. anbraten. Parmaschinken in feine Streifen schneiden und kurz mitgaren. Mit Marsala ablöschen, Pilzsud und Sahne dazugießen und alles bei mittlerer Hitze leicht dicklich einköcheln lassen. Mit Salz und Pfeffer würzen.

Farfalle in kochendem Salzwasser nach Packungsanweisung bissfest garen. Petersilienblättchen hacken. Beides in die Pfanne geben und durchschwenken. Parmesan darüber reiben.

3 CASARECCE MIT GEMÜSE UND ZIEGENKÄSE

3 Schalotten / 4 EL Olivenöl / 300 g Sahne / 200 g Ziegenfrischkäse / Salz / Pfeffer / 1 Bund grüner Spargel / 1 kleine Zucchini / 2 Frühlingszwiebeln / 1 EL Rohrrohrzucker / 500 g Casarecce / ½ Bund Schnittlauch

Schalotten hacken und in einer großen Pfanne mit 2 EL Öl bei mittlerer Hitze glasig dünsten. Sahne und Käse zugeben und langsam unter Rühren aufkochen. Sauce salzen, pfeffern und in eine Schüssel füllen.

Spargel und Zucchini in feine Scheiben, Frühlingszwiebeln in feine Ringe schneiden. Alles in der Pfanne mit 2 EL Öl ca. 5 Min. anbraten und mit Zucker karamellisieren.

Casarecce in kochendem Salzwasser nach Packungsanweisung bissfest garen, abgießen und dabei ca. 50 ml Nudelwasser auffangen. Schnittlauch fein hacken und mit den Nudeln, der Sahnesauce und dem Nudelwasser zum Gemüse in die Pfanne geben und durchschwenken. Mit Salz und Pfeffer würzen.

4 ORECCHIETTE MIT RUCOLA, FETA UND WALNUSSPESTO

2 EL Walnussöl / 1 Bund Rucola / 1 Strauchtomate / 1 EL Rohrrohrzucker / Salz / 500 g Orecchiette / 4 EL Walnusspesto (S. 141) / 100 g Feta / Pfeffer / 1 EL Olivenöl

Walnussöl in einer großen Pfanne erhitzen, zerkleinerten Rucola darin unter Rühren schmoren. Tomate klein würfeln, hinzufügen und 2 Min. mitgaren. Mit Zucker karamellisieren und leicht salzen.

Orecchiette in kochendem Salzwasser nach Packungsanweisung bissfest garen. Walnusspesto unterrühren. Feta zerbröseln und über die Nudeln streuen. Mit Pfeffer und Öl abschmecken.

5 TORTIGLIONI MIT KÜRBIS, KICHERERBSEN UND LAMM

½ kleiner Hokkaido / 2 Knoblauchzehen / 6 EL Olivenöl / 1 Pr. Zimt / Salz / Pul Biber / 250 g Lammhackfleisch / 1 Strauchtomate / Pfeffer / 1 Dose Kichererbsen (265 g) / 120 ml Tomatensugo (S. 144) / 500 g Tortiglioni / 4 Stiele Petersilie / 50 g Parmesan

Kürbis in ca. 1 cm große Würfel schneiden, Knoblauch hacken. Beides in einer großen Pfanne mit 2 EL Öl anbraten. Mit Zimt, Salz und Pul Biber würzen, 3 EL Wasser zufügen und zugedeckt 3–5 Min. garen. In eine Schüssel umfüllen.

Das Hackfleisch in der Pfanne mit 2 EL Öl anbraten. Tomate klein würfeln, 2 Min. mitbraten, salzen und pfeffern. Kürbis, Kichererbsen und Tomatensugo untermischen.

Tortiglioni in kochendem Salzwasser nach Packungsanweisung bissfest garen. Petersilienblättchen hacken. Beides zum Kürbis-Lamm-Ragout geben und verrühren. Mit 2 EL Öl beträufeln und Parmesan darüber hobeln.

MEIN ♥-REZEPT

GEFÜLLTE PASTA

MEIN ♥-REZEPT

1 SPINATRAVIOLI

250 g Mehl Tipo 00 (alternativ Typ 550) / 50 g Hartweizengrieß / 6 Eier / 1 TL Salz /
200 g TK-Blattspinat / 150 g Ricotta / 130 g Pecorino / 1 TL Muskat / Salz / Pfeffer /
100 g Nussbutter (S. 121) / 40 g Parmesan

Für den Pastateig Mehl, Grieß, 3 Eier, Salz und 2 EL Wasser zu einem glatten Teig verkneten, in Folie wickeln und ca. 1 Std. in den Kühlschrank stellen. Spinat nach Packungsanleitung zubereiten, ausdrücken und fein schneiden. In einer Schüssel mit Ricotta und 1 Ei vermischen. Pecorino darüber reiben. Mit Muskat, Salz und Pfeffer abschmecken.

Pastateig auf einer mit Grieß bestreuten Arbeitsfläche mit dem Nudelholz dünn ausrollen (alternativ durch die Nudelmaschine drehen) und halbieren. Füllung in Abständen von 4–5 cm in walnussgroßen Portionen nebeneinander auf eine der Teigplatten geben. 2 Eier verquirlen und die andere Teigplatte damit bestreichen. Platten aufeinanderlegen und gut andrücken. Ravioli ausschneiden, Rand mit der Gabel fest andrücken. In leicht kochendem Salzwasser 4–5 Min. garen. Nussbutter erhitzen und die Ravioli darin schwenken. Parmesan darüber reiben.

2 KALBSTORTELLINI IN TOMATENSUGO

60 g Kalbsfleisch / 60 g Schweinefilet / 10 g Butter / 200 g Parmesan / 80 g Parmaschinken / 80 g Mortadella / 4 Eier / 1 TL Muskat / Salz / Pfeffer / Pastateig / 100 ml Tomatensugo (S. 144)

Fleisch klein schneiden und in einer Pfanne mit Butter 5–6 Min. anbraten. 160 g Parmesan reiben. Alles mit Parmaschinken, Mortadella und 2 Eiern in einem Zerkleinerer zu einer feinen Masse verarbeiten. Mit Muskat, Salz und Pfeffer würzen.

Pastateig wie beim Rezept Spinatravioli zubereiten, in 4 cm breite Quadrate schneiden und die Fleischfüllung in walnussgroßen Portionen mittig auf die Teigplatten legen. 2 Eier trennen, das Eigelb verquirlen. Ränder damit bestreichen, diagonal zu einem Dreieck übereinander schlagen und fest andrücken. Den unteren, bauchigen Teil nach oben zur Spitze des Dreiecks drehen. Teiglinge um den Finger wickeln und die Enden fest zusammendrücken.

Tortellini in Grieß wälzen und im leicht kochendem Salzwasser 4–5 Min. garen. Tomatensugo erhitzen und die Ravioli darin schwenken. 40 g Parmesan darüber reiben.

3 MAULTASCHEN

275 g Mehl / 8 Eier / Salz / 1 Brötchen / 120 g Sahne / 1 Zwiebel / 1 EL Butter / 3 Stiele Petersilie / ½ Bio-Zitrone / 450 g Blattspinat / 250 g gemischtes Hackfleisch / 200 g Bratwurstbrät / 1 TL Muskat / Pfeffer / 1 l Rinderbrühe (S. 45) / ½ Bund Schnittlauch

Mehl, 3 Eier und Salz zu einem glatten Teig verkneten, in Klarsichtfolie wickeln und 1 Std. kalt stellen. Brötchen würfeln und in eine Schüssel legen. Sahne erhitzen, darüber gießen. Zwiebeln hacken, in einer Pfanne mit Butter glasig dünsten. Zitroneschale abreiben. Spinat blanchieren, ausdrücken und hacken. Alles mit Hackfleisch, Brät, 3 Eiern und Petersilienblättern in die Schüssel geben und verkneten. Mit Muskat, Salz und Pfeffer würzen.

Teig mit einem Nudelholz dünn ausrollen und in ca. 10 cm breite Teigbahnen schneiden. Eine Hälfte der Bahnen mit der Hackfleischmasse belegen. 2 Eier verquirlen, die andere Hälfte der Bahnen damit bestreichen. Bahnen jeweils aufeinanderlegen, fest andrücken und mit einem Kochlöffelstiel alle 4 cm eindrücken und durchschneiden. Ränder fest andrücken. Maultaschen in der Brühe 10 Min. garen. Schnittlauch in Röllchen schneiden und darüber streuen.

4 STEINPILZRAVIOLI

200 g vorwiegend festkochende Kartoffeln / Salz / 20 g getrocknete Steinpilze / 150 g Champignons / 5 Zwiebeln / 2 EL Olivenöl / 4 Stiele Petersilie / 1 Ei / 250 g Ricotta / 1 TL Muskat / Pfeffer / Pastateig / 100 g Trüffelbutter / 100 g Ziegenkäse

Kartoffeln mit Schale in kochendem Salzwasser 20–25 Min. garen, pellen und durch die Kartoffelpresse drücken. Steinpilze in 200 ml heißem Wasser 10 Min. einweichen lassen, ausdrücken und fein hacken. Champignons und Zwiebeln fein schneiden. Alles in einer Pfanne mit Öl bei mittlerer Hitze ca. 10 Min. braten. Petersilienblättchen zugeben.

1 Ei trennen. Eigelb mit der Pilz-Zwiebel-Masse, dem Kartoffelpüree und Ricotta verrühren. Mit Muskat, Salz und Pfeffer würzen. Pastateig wie beim Rezept Spinatravioli zubereiten, mit der Ricotta-Walnuss-Mischung füllen und kochen. Trüffelbutter erhitzen und die Ravioli darin schwenken. Ziegenkäse grob bröseln und darüber streuen.

5 RICOTTA-WALNUSS-RAVIOLI IN ORANGENBUTTER

50 g Walnusskerne / 2 Schalotten / 30 g Butter / 50 g getrocknete Aprikosen / 1 EL Marsala / Salz / Pfeffer / 1 Ei / 250 g Ricotta / 60 g Parmesan / Pastateig / 100 g Orangenbutter (S. 121)

Walnusskerne in einer Pfanne rösten, beiseite legen. Schalotten fein würfeln und in der Pfanne mit Butter 2–3 Min. glasig dünsten. Aprikosen hacken, zugeben, durchschwenken, mit Marsala ablöschen und verkochen lassen. Walnüsse zugeben, salzen und pfeffern und alles mit dem Stabmixer pürieren. 1 Ei trennen, Eigelb und Ricotta unterrühren. 20 g Parmesan darüber reiben.

Pastateig wie beim Rezept Spinatravioli zubereiten, mit der Ricotta-Walnuss-Mischung füllen und kochen. Orangenbutter in einer Pfanne erhitzen, die Ravioli abgetropft zugeben und anbraten. 40 g Parmesan darüber reiben.

RISOTTO

SAFRANRISOTTO

1 Döschen Safranfäden / 1 Zwiebel / 5 EL Butter / 350 g Risottoreis / 1 l Hühnerbrühe (S. 42) / 75 g Parmesan / Salz / Pfeffer

Safranfäden mit 2 EL heißem Wasser übergießen. Zwiebel fein würfeln und in einem breiten Topf mit 2 EL Butter bei mittlerer Hitze glasig dünsten. Reis unter Rühren mitdünsten, bis er hell ist. Brühe erhitzen und kellenweise dazugießen, dabei ständig umrühren.

Den aufgelösten Safran einrühren. 20–25 Min. garen, bis das Risotto cremig ist. Parmesan reiben und mit 3 EL Butter unter das Risotto rühren. Mit Salz und Pfeffer abschmecken.

RUCOLA-PINIENKERN-RISOTTO

1 Zwiebel / 1 Knoblauchzehe / 5 EL Olivenöl / 300 g Risottoreis / 100 ml Weißwein / 1 l Gemüsebrühe (S. 38) / 50 g Rucola / 80 g Pinienkerne / 75 g Parmesan / 2 EL Butter / Salz / Pfeffer

Zwiebel und Knoblauch fein würfeln und in einem breiten Topf mit 2 EL Öl bei mittlerer Hitze glasig dünsten. Reis mitdünsten, bis er hell ist. Mit Weißwein ablöschen und einkochen lassen. Brühe erhitzen und kellenweise dazugießen, dabei ständig umrühren. 20–25 Min. garen, bis das Risotto cremig ist.

Pinienkerne in einer Pfanne rösten. Parmesan reiben. Rucola grob hacken, zusammen mit 3 EL Öl mit dem Stabmixer fein pürieren und mit der Butter, der Hälfte der Pinienkerne und dem geriebenen Parmesan unter das fertige Risotto rühren. Mit Salz und Pfeffer abschmecken und mit den restlichen Pinienkernen bestreuen.

BROKKOLI-RISONI-RISOTTO MIT SCHAFSKÄSE

1 Brokkoli / 150 g TK-Erbsen / Salz / 2 Zwiebeln / 2 Knoblauchzehen / 4 EL Olivenöl / 300 g Risoni- Nudeln / ½ Bio-Zitrone / 2 EL Ricotta / Pfeffer / 75 g blanchierte Mandeln / 200 g Schafskäse / 3 Zweige Oregano / 3 Stiele Minze

Brokkoliröschen vom Strunk trennen. Mit den Erbsen in Salzwasser 3–4 Min. bissfest garen, kalt abschrecken und abtropfen lassen. 850 ml Gemüsefond auffangen. Zwiebeln und Knoblauch fein würfeln und mit Öl in einem breiten Topf glasig dünsten. Nudeln zufügen, kurz mitbraten. Nach und nach den Gemüsefond zugeben und bei mittlerer Hitze unter Rühren 20–25 Min. garen.

Schale der Zitrone abreiben und Saft auspressen. Beides mit Ricotta, Brokkoli und Erbsen 2 Min. vor Ende der Garzeit in das Risotto einrühren. Salzen und pfeffern. Mandeln in einer Pfanne rösten, Schafskäse zerbröseln, Oregano- und Minzblätter fein hacken. Alles unter das Risotto heben.

GRAUPEN-KÜRBIS-RISOTTO

1 kleiner Butternusskürbis / 40 g Butter / Salz /
1 Pr. Zimt / Muskatnuss / 2 Schalotten / 3 EL Olivenöl / 200 g Gerstengraupen / 100 ml Weißwein /
500 ml Gemüsebrühe (S. 38) / Cayennepfeffer /
40 g Walnusskerne / 100 g Gorgonzola

Kürbis in ca. 1,5 cm große Würfel schneiden und
in einer beschichteten Pfanne mit 30 g Butter bei
mittlerer Hitze anbraten. Mit Salz, Zimt und Muskat
würzen. Zugedeckt bei milder Hitze weich dünsten,
nach ca. 12 Min. ⅓ des Kürbis herausnehmen und
beiseite stellen. Rest nach weiteren 5 Min. mit einem
Stabmixer pürieren.
   Schalotten fein würfeln, mit Öl in einem Topf
glasig dünsten. Graupen zufügen und kurz mitdünsten. Mit Wein ablöschen, einkochen lassen. Brühe
zugießen und unter Rühren ca. 30 Min. garen.
   Kürbispüree unter die Graupen geben, mit Salz
und Pfeffer würzen. Nüsse grob hacken, in einer
Pfanne mit 10 g Butter goldbraun rösten und mit
den Kürbiswürfeln und dem Gorgonzola auf dem
Graupenrisotto anrichten.

PILZRISOTTO

10 g getrocknete Steinpilze / 1 l Gemüsebrühe (S. 38) /
1 Zwiebel / 2 kleine Knoblauchzehen / 5 EL Olivenöl /
300 g Risottoreis / 100 ml Weißwein / 75 g Parmesan /
2 EL Butter / Salz / Pfeffer / 400 g Kräuterseitlinge /
½ Bund glatte Petersilie

Pilze in 100 ml heißem Wasser 10 Min. einweichen lassen,
durch ein Sieb abgießen, ausdrücken und fein hacken. Pilzsud
auffangen und mit der Brühe erhitzen.
   Zwiebel und Knoblauch fein würfeln und in einem breiten
Topf mit 2 EL Öl bei mittlerer Hitze glasig dünsten. Reis unter
Rühren mitdünsten, bis er hell ist. Mit Wein ablöschen und fast
vollständig einkochen lassen. Eingeweichte Pilze zugeben und
die Brühe kellenweise dazugießen, dabei ständig umrühren.
20–25 Min. garen, bis das Risotto cremig ist. Parmesan reiben
und mit der Butter unter das Risotto rühren. Mit Salz und Pfeffer abschmecken.
   Kräuterseitlinge vierteln, 5 Min. vor Ende der Garzeit in
einer beschichteten Pfanne mit 3 EL Öl braten, salzen und
pfeffern. Petersilienblättchen hacken. Das Risotto mit beidem
bestreuen.

LASAGNE

SPINAT-LACHS-LASAGNE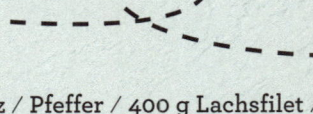

1 Zitrone / 400 g TK-Blattspinat / Salz / Pfeffer / 400 g Lachsfilet /
75 g Butter / 3 EL Mehl / 500 ml Milch / 1 Pr. Muskat / 1 TL Tafel-
Meerrettich / 2 EL Olivenöl / 12 Lasagneplatten / 50 g Parmesan

Zitrone auspressen. Spinat nach Packungsanleitung auftauen, mit Salz
und Pfeffer würzen. Lachs in 3 flache Stücke schneiden, mit 2 EL Zitronensaft und Pfeffer würzen, 10 Min. ziehen lassen.

Butter in einem Topf schmelzen. Mit dem Schneebesen Mehl einrühren. Nach und nach Milch hinzugießen. Die Sauce mit Salz, Pfeffer,
Muskat, Meerrettich und 1 EL Zitronensaft würzen.

Auflaufform mit Öl einfetten und dreimal abwechselnd schichten:
Nudeln, Spinat, Lachs und Sauce. Parmesan darüber reiben und Lasagne im Ofen bei 200 °C 30 Min. backen.

LASAGNE BOLOGNESE

1 Möhre / 1 Zwiebel / 3 EL Olivenöl /
500 g Rinderhackfleisch / 250 g passierte
Tomaten / 3 EL Tomatenmark / Salz /
Pfeffer / 75 g Butter / 3 EL Mehl / 500 ml
Milch / 1 Pr. Muskat / 9 Lasagneplatten /
50 g geriebener Parmesan

Möhre und Zwiebel klein schneiden, in einem
großen Topf mit Öl anbraten. Fleisch 5 min.
mitbraten. Tomaten, Tomatenmark und 50 ml
Wasser dazugeben und 15 min. köcheln lassen. Salzen und pfeffern.

Butter in einem Topf schmelzen, Mehl
hinzufügen und Milch unter Rühren hineingießen. Mit Salz, Pfeffer und Muskat würzen
und damit den Boden einer Auflaufform
begießen.

Dreimal abwechselnd in der Form schichten: Nudeln, Fleischragout, Sauce und Parmesan. Lasagne im Ofen bei 200 °C 30 Min.
backen.

GEMÜSELASAGNE

1 Zwiebel / 2 Knoblauchzehen / 3 EL Olivenöl / 250 g festkochende
Kartoffeln / 150 g Knollensellerie / 2 Möhren / 2 Zucchini / ½ Stange Lauch / 4 EL Mehl / 40 g Butter / 1 Dose geschälte Tomaten
(400 g) / 450 ml Milch / 90 g geriebener Emmentaler / Salz /
Pfeffer / Muskat / 9 Lasagneplatten

Zwiebel und Knoblauch fein würfeln, in einem großen Topf mit Öl
glasig dünsten. Kartoffeln, Sellerie, Möhren und Zucchini klein
schneiden, hinzugeben und 6 Min. anbraten. Lauch in dünne Streifen
schneiden, mit 1 EL Mehl in den Topf geben und 2 Min. unter Rühren
mitgaren. Mit 200 ml Wasser ablöschen. Tomaten hinzugeben und bei
mittlerer Hitze 20 Min. einkochen lassen.

Butter in einem Topf schmelzen. Mit dem Schneebesen 3 EL Mehl
einrühren. Nach und nach Milch unter Rühren hinzugießen. 40 g Emmentaler unterrühren, mit Salz, Pfeffer und Muskat abschmecken.

Boden der Form mit der Sauce begießen. Dreimal abwechselnd
in der Form schichten: Nudeln, Gemüse und Sauce. Lasagne mit
50 g Käse bedecken und im Ofen bei 200 °C 20 Min. backen.

PILZLASAGNE

200 g Staudensellerie / 150 g Möhren / 1 Gemüsezwiebel / 1 Knoblauchzehe / 6 EL Olivenöl / 1 kg Pilze (z. B. Champignons, Shiitake, Steinpilze) / 1 EL Tomatenmark / 2 Dosen Tomatenstücke (je 400 g) / 200 ml Weißwein / 5 Zweige Thymian / 5 Zweige Oregano / Salz / Pfeffer / Zucker / 50 g Butter / 50 g Mehl / 700 ml Milch / 100 g Parmesan / Muskat / 12 Lasagneplatten

Sellerie, Möhren, Zwiebel und Knoblauch klein würfeln und in einer großen Pfanne mit Öl 2–3 Min. scharf anbraten. Pilze grob hacken und 5–6 Min. mitbraten. Tomatenmark unterrühren, mit Weißwein ablöschen. Tomaten, Thymian- und Oreganoblättchen zugeben. Mit Salz, Pfeffer und Zucker würzen und 25–30 Min. einkochen lassen.

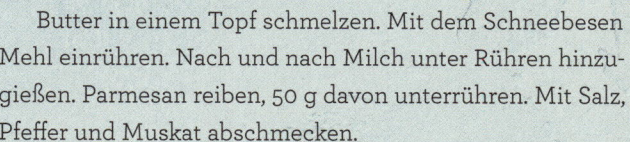

Butter in einem Topf schmelzen. Mit dem Schneebesen Mehl einrühren. Nach und nach Milch unter Rühren hinzugießen. Parmesan reiben, 50 g davon unterrühren. Mit Salz, Pfeffer und Muskat abschmecken.

Auflaufform mit Butter einfetten und dreimal abwechselnd schichten: Nudeln, Pilzragout und Sauce. 50 g Parmesan darüber streuen und Lasagne im Ofen bei 180 °C 30–35 Min. backen.

KÜRBISLASAGNE

1 Gemüsezwiebel / 2 Knoblauchzehen / 2 EL Butter / 1 mittelgroßer Hokkaido / 100 g Sahne / 1 EL Balsamico Bianco / 1 TL Currypulver / Salz / Pfeffer / 2 gelbe Paprika / 200 g Feta / 1 EL Butterschmalz / 200 g Lasagneplatten

Zwiebel und Knoblauch hacken, in einem großen Topf mit Butter glasig dünsten. Kürbis in Stücke schneiden und darin 3–5 Min. anbraten. Mit 100 ml Wasser und Sahne ablöschen, zugedeckt 12–15 Min. garen.

Mit dem Stabmixer pürieren und mit Essig, Curry, Salz und Pfeffer würzen. Paprika klein schneiden. Feta klein würfeln. Auflaufform mit Schmalz einfetten und dreimal abwechselnd schichten: Nudeln, Kürbispüree, Paprikawürfel und Feta. Lasagne im Ofen bei 180 °C 45 Min. backen.

MEIN ♥-REZEPT

PIZZA

 PIZZA MARGHERITA

Für den Pizzateig (1 Blech): 250 g Mehl / ½ Würfel frische
Hefe (21 g) / 125 ml Wasser / 1 EL flüssiger Honig / ½ TL Salz

Für den Pizzabelag (1 Blech): 50 ml Tomatensugo (S. 144) /
125 g Mozzarella / 125 g Edamer

12 Kirschtomaten / 1 Handvoll Kräuter (z. B. Basilikum,
Oregano, Thymian, Rosmarin) / 1 EL Olivenöl

Für den Teig Hefe zerbröseln und mit den anderen Zutaten
in eine Schüssel geben. Alles mit dem Handmixer verkneten
bis ein glatter Teig entstanden ist. Teig zugedeckt an einem
warmen Ort 45 Min. gehen lassen. Teig mit den Händen durchkneten und mit dem Nudelholz auf der bemehlten Arbeitsfläche dünn ausrollen. Auf ein mit Backpapier ausgelegtes
Backblech legen.
   Für den Belag Edamer reiben und Mozzarella in kleine
Stücke reißen. Den Teig mit der Tomatensugo bestreichen und
dem Käse belegen.
   Tomaten halbieren und Kräuter hacken. Beides auf die Pizza
verteilen und mit Öl beträufeln. Im Ofen bei 230 °C ca. 20 Min.
backen

PIZZA VERDURA ALLA GRIGLIA

Pizzateig (1 Blech) / Pizzabelag (1 Blech) / 1 kleine Aubergine /
1 kleine Zucchini / 1 Zwiebel / 1 gelbe Paprika / 1 Knoblauchzehe /
3 EL Olivenöl / 2 Zweige Thymian / Salz / Pfeffer / 30 g Parmesan

Pizzateig mit Belag vorbereiten. Aubergine, Zucchini und Zwiebel
in dünne Scheiben, Paprika in grobe Streifen schneiden. Knoblauch
hacken. Alles in einer großen Pfanne mit 2 EL Öl scharf anbraten,
Thymianblätter zugeben und mit Salz und Pfeffer würzen. Das Grill-
gemüse auf den Pizzateig verteilen, Öl darüber träufeln und im Ofen
bei 230 °C 20 Min. backen. Parmesan darüber hobeln.

3 **PIZZA SALSICCIA**

Pizzateig (1 Blech) / Pizzabelag (1 Blech) /
100 g Salsiccia Calabrese / 20 Kirschtomaten /
1 EL Olivenöl / 2 Stiele Basilikum

Pizzateig mit Belag vorbereiten. Salsiccia in dünne Scheiben schneiden, Kirschtomaten halbieren.
Beides auf den Pizzateig verteilen, Öl darüber
träufeln und im Ofen bei 230 °C 20 Min. backen.
Danach mit Basilikumblättern garnieren.

2

3

5

MEIN ♥-REZEPT

4 PIZZA BIANCA

125 g Edamer / 125 g Mozzarella / 125 g Edamer / 150 g Crème fraîche / Pizzateig (1 Blech) / 6 Stangen grüner Spargel / 200 g Räucherlachs / 1 EL Olivenöl / ½ Zitrone / 50 g Rucola / Pfeffer

Edamer reiben, Mozzarella in kleine Stücke reißen. Beides mit Crème fraîche auf den Pizzateig legen. Spargel in Stücke schneiden und mit dem Lachs auf die Pizza verteilen. Öl darüber träufeln und im Ofen bei 230 ° C 20 Min. backen. Zitrone auspressen. Die Pizza mit Rucola garnieren und mit Pfeffer und Zitronensaft würzen.

5 PIZZA NAPOLI

Pizzateig (1 Blech) / Pizzabelag (1 Blech) / 1 kleines Glas Sardellen / 150 g schwarze kernlose Oliven / 2 EL Kapern / 1 EL Olivenöl

Pizzateig mit Belag vorbereiten. Sardellen, Oliven und Kapern auf den Pizzateig verteilen, Öl darüber träufeln und im Ofen bei 230 ° C 20 Min. backen.

HUHN SPEZIAL

1 ZITRONEN-ROSMARIN-HÄHNCHENBRUST

1 Knoblauchzehe / 2 Zweige Rosmarin / 1 Bio-Zitrone / 4 Hähnchenbrustfilets (je ca. 180 g) / Salz / 4 EL Olivenöl / 2 EL Rapsöl

Knoblauch in feine Scheiben schneiden. Rosmarin hacken. Zitronenschale abreiben. Hähnchen in eine Schüssel geben, mit Salz würzen, Knoblauch, Rosmarin, Zitronenschale und Olivenöl zufügen und alles gut vermischen. Zugedeckt mind. 2 Std. im Kühlschrank marinieren.

Hähnchenbrüste in einer großen beschichteten Pfanne mit Rapsöl bei starker Hitze auf jeder Seite 2 Min. anbraten. Dann bei mittlerer Hitze 8–10 Min. fertig braten.

MEIN ♥-REZEPT

68

SCHARFE HÄHNCHEN-SATÉ MIT MANGO-SALSA

20 g Ingwer / 1 Zitrone / 100 ml Kokosmilch / 3 EL Soja-sauce / 6 EL Sesamöl / 2 EL Rohrohrzucker / 2 EL rote Currypaste / 3 Hähnchenbrustfilets (je ca. 180 g) / 8 EL Mango-Paprika-Salsa (S. 143)

Ingwer fein reiben, Saft aus Zitrone pressen. Beides mit Kokosmilch, Sojasauce, 4 EL Öl, Zucker und Currypaste glatt rühren. Hähnchenbrüste längs in schmale Streifen schneiden. Mit der Marinade mischen und mind. 2 Std. im Kühlschrank ziehen lassen.

Je 1 Streifen Hähnchenfilet wellenförmig auf Holzspieße stecken und in einer Pfanne mit 2 EL Öl bei starker Hitze ca. 5 Min. braten. Saté-Spieße mit Mango-Paprika-Salsa servieren.

 ## HÄHNCHENKEULEN MIT BUNTEM BLECHGEMÜSE

4 Möhren / 1 rote Paprika / 1 kleiner Blumenkohl / 400 g kleine mehlig kochende Kartoffeln / 2 Knob-lauchzehen / 3 Zweige Rosmarin / 8 Zweige Thymian / 6 EL Olivenöl / Salz / Pfeffer / 4 Hähnchenkeulen (je ca. 250 g)

Möhren und Paprika in mundgerechte Stücke schnei-den, Blumenkohl in Röschen teilen, Kartoffeln halbieren. Knoblauch, Rosmarinnadeln und Thymianblättchen fein hacken.

Alles mit den Hähnchenkeulen, Öl, Salz und Pfeffer in eine große Schüssel geben und durchmischen. Auf einem Backblech verteilen und im Ofen bei 200 °C 45 Min. goldbraun braten.

 ## COQ AU VIN

4 Hähnchenkeulen (je ca. 250 g) / Salz / Pfeffer / 3 EL Olivenöl / 150 g durchwachsener Speck / 10 Scha-lotten / 150 g Knollensellerie / 2 Möhren / 2 Knoblauch-zehen / 750 ml trockener Rotwein / 1 Bouquet garni (je 4 Stiele Petersilie, Thymian, Estragon, 2 Lorbeer-blätter) / 200 ml Hühnerbrühe (S. 42) / 1 mehlig kochende Kartoffel / 200 g braune Champignons / 2 EL schwarzes Johannisbeergelee

Hähnchenkeulen salzen und pfeffern, in einem Bräter mit 2 EL Öl bei starker Hitze 5 Min. anbraten und heraus-nehmen. Speck würfeln. Schalotten halbieren und mit 75 g Speck im Bräter 5 Min. braten. Sellerie und Möhren würfeln. Knoblauch hacken. Alles im Bräter 5 Min. mitbra-ten. Mit 300 ml Rotwein ablöschen und einkochen. Die Keu-len und das Bouquet garni zufügen, mit 450 ml Rotwein und der Brühe aufgießen und zugedeckt bei milder Hitze 35 Min. schmoren.

Keulen herausnehmen. Kartoffel reiben, in die Sauce rühren und 15 Min. einkochen. Pilze halbieren und mit 75 g Speck in einer Pfanne mit 1 EL Öl bei starker Hitze 3–5 Min. braten und mit den Keulen und dem Johannis-beergelee in den Bräter geben. Mit Salz und Pfeffer würzen.

 ## BRATHÄHNCHEN AUS DEM OFEN

1 Zwiebel / 1 Knoblauchzehe / 1 Brathähnchen (ca. 1,2 kg) / 60 g Butterschmalz / 1 TL edelsüßer Paprikapulver / 1 TL Pimentón picante / Salz / Pfeffer

Zwiebel und Knoblauch vierteln und in die Bauchhöhle des Brathähnchens füllen, dieses mit der Brust nach oben in einen Bräter legen. Schmalz in einem kleinen Topf zerlassen und Paprikapulver unterrühren. Hähn-chen damit einpinseln und mit Salz und Pfeffer be-streuen.

Im Ofen bei 160 °C ca. 1 Std. braten. Hähnchen zwischendurch mit der restlichen Butterschmalzmi-schung und dem Bratfett bestreichen. Hitze auf 200 °C erhöhen und weitere 15 Min. kross braten, dann im ausgeschalteten Ofen 5–10 Min. ruhen lassen.

FRIKADELLEN

1 KLASSISCHE FRIKADELLEN

1 Zwiebel / 6 EL Rapsöl / 4 Stiele glatte Petersilie / 500 g gemischtes Hackfleisch / 1 Ei / 1 TL Senf / 3 EL Semmelbrösel / Salz / Pfeffer

Zwiebel sehr fein würfeln, in einer Pfanne mit 2 EL Öl bei mittlerer Hitze glasig dünsten. Petersilienblättchen fein hacken. Beides mit Hackfleisch, Ei, Senf und den Semmelbröseln in einer Schüssel gut verkneten, kräftig mit Salz und Pfeffer würzen.

Mit angefeuchteten Händen 8 Frikadellen formen. 4 EL Öl in der Pfanne erhitzen, Frikadellen darin bei mittlerer Hitze auf jeder Seite ca. 6 Min. braten, bis sie gut gebräunt sind.

2 MEDITERRANE FLEISCHBÄLLCHEN

1 Scheibe Toastbrot / 1 Zwiebel / 2 Knoblauchzehen /
6 EL Olivenöl / 20 ml Marsala / 500 g Rinderhackfleisch /
1 TL Tomatenmark / 1 Ei / 50 g Parmesan / ½ Bio-Zitrone / 1 EL Kapern / 1 Zweig Rosmarin / Salz / Pfeffer

Toastbrot in Wasser einweichen, gut ausdrücken. Zwiebel
und Knoblauch sehr fein würfeln, in einer Pfanne mit 2 EL
Öl bei mittlerer Hitze glasig dünsten. Mit Marsala ablöschen und vollständig einkochen lassen. Mit Toast, Hackfleisch, Tomatenmark und Ei in einer Schüssel verkneten.
Parmesan dazu geben.

Zitronenschale abreiben, 1 TL Abrieb zufügen. Kapern
und Rosmarinnadeln fein hacken und zugeben. Masse gut
verkneten und kräftig mit Salz und Pfeffer würzen.

Mit angefeuchteten Händen 8 Fleischbällchen formen.
4 EL Öl in der Pfanne erhitzen, Fleischbällchen darin bei
mittlerer Hitze auf jeder Seite ca. 6 Min. braten, bis sie gut
gebräunt sind.

3 SPANISCHE RINDFLEISCHBÄLLCHEN

1 Zwiebel / 2 Knoblauchzehen / 6 EL Olivenöl /
50 ml Portwein / 30 g blanchierte Mandeln / 50 g Rosinen / 500 g Rinderhack / 1 TL Zimt / Salz / Pfeffer /
100 ml Tomaten-Zimt-Sugo (S. 144)

Zwiebel und Knoblauch sehr fein würfeln, in einer Pfanne
mit 2 EL Öl bei mittlerer Hitze glasig dünsten. Mit Portwein
ablöschen, fast vollständig einkochen lassen und in eine
Schüssel geben. Mandeln grob hacken und in der Pfanne
rundum goldbraun anbraten.

Rosinen klein hacken und mit dem Hackfleisch in die
Schüssel geben. Mit Zimt, Salz und Pfeffer würzen und gut
verkneten. Mit angefeuchteten Händen 8 Fleischbällchen
formen. 4 EL Öl in der Pfanne erhitzen, die Fleischbällchen
darin bei mittlerer Hitze auf jeder Seite ca. 5 Min. braten, bis
sie gut gebräunt sind.

Tomatensugo in einem Topf erhitzen, die Fleischbällchen zufügen und ca. 2 Min. darin ziehen lassen.

4 ORIENTALISCHE LAMMFLEISCHBÄLLCHEN

1 Zwiebel / 2 Knoblauchzehen / 6 EL Olivenöl / 50 ml
Marsala / 50 g getrocknete Aprikosen / 30 g Pistazien /
3 Zweige Minze / 250 g Lammhackfleisch / 250 g Rinderhackfleisch / 1 TL Kreuzkümmel / ½ TL gemahlener
Piment / 1 Pr. Zimt / Salz / Pfeffer

Zwiebel und Knoblauch sehr fein würfeln, in einer Pfanne
mit 2 EL Öl bei mittlerer Hitze glasig dünsten. Mit Marsala
ablöschen und fast vollständig einkochen lassen. Aprikosen
klein hacken, zufügen und kurz mit braten. Alles in eine
Schüssel geben.

Pistazien grob hacken und in der Pfanne goldbraun
rösten. Minzblättchen fein hacken und mit dem Hackfleisch
in die Schüssel geben. Mit Kreuzkümmel, Piment, Zimt, Salz
und Pfeffer würzen und gut verkneten.

Mit angefeuchteten Händen 8 Fleischbällchen formen.
4 EL Öl in der Pfanne erhitzen, Fleischbällchen darin bei
mittlerer Hitze ca. 6 Min. braten, bis sie gut gebräunt sind.

5 FISCHBÄLLCHEN

50 g Weißbrot vom Vortag / 500 g Kabeljaufilet / 2 Frühlingszwiebeln / ½ Bund Petersilie / ½ Bio-Zitrone / 1 Ei /
Salz / Cayennepfeffer / 1 TL Currypulver / 200 ml Rapsöl

Weißbrot entrinden, klein schneiden und in kaltem Wasser
einweichen. Fischfilet, Frühlingszwiebeln und Petersilienblättchen fein hacken. Zitronenschale abreiben und Saft
auspressen. Das Brot gut ausdrücken und mit den anderen
Zutaten sowie dem Ei in einer Schüssel vermischen. Mit
Salz, Pfeffer und Currypulver würzen.

Aus der Fischmasse kleine Bällchen formen. Diese in
einer großen Pfanne mit Öl ca. 4 Min. goldbraun ausbacken,
herausheben und auf Küchenpapier abtropfen lassen.

MEIN ♥-REZEPT

SCHNITZEL

MEIN ♥-REZEPT

1 WIENER SCHNITZEL

4 Kalbsschnitzel (je 150 g) / 3 Eier / 1 EL Sahne / 40 g Mehl /
150 g Semmelbrösel / Salz / Pfeffer / 500 ml Maiskeimöl

Schnitzel mit Klarsichtfolie bedecken und 0,5 cm dünn klopfen. Die Eier in einen tiefen Teller aufschlagen, Sahne zufügen und mit einer Gabel verquirlen. Mehl und Semmelbrösel in je einen weiteren Teller geben.

Schnitzel salzen und pfeffern, im Mehl wenden, durch die Eiersahne ziehen und in den Semmelbröseln panieren. Öl 2 cm hoch in eine große Pfanne gießen, erhitzen und die Schnitzel darin von beiden Seiten 3–5 Min. schwimmend goldgelb ausbacken. Herausnehmen und auf einem Küchenpapier abtropfen lassen.

3 PUTENSCHNITZEL IM KOKOSMANTEL

4 Putenschnitzel (je 150 g) / 3 Eier / 40 g Mehl / 50 g Semmelbrösel / 100 g Kokosraspel / Salz / Pfeffer / 6 EL Sonnenblumenöl

Schnitzel mit Klarsichtfolie bedecken und 0,5 cm dünn klopfen. Die Eier in einem tiefen Teller mit einer Gabel verquirlen. Mehl und Semmelbrösel in je einen weiteren Teller geben. Die Kokosraspel unter die Semmelbrösel mischen.

Schnitzel salzen und pfeffern, im Mehl wenden, durch die Eier ziehen und in der Kokos-Brösel-Mischung panieren. Schnitzel in einer Pfanne mit Öl auf jeder Seite ca. 3 Min. goldbraun braten und auf Küchenpapier abtropfen lassen.

5 KOHLRABISCHNITZEL

2 Kohlrabi / Salz / 1 TL Butter / 3 Eier / Pfeffer / 100 g Parmesan / 40 g Mehl / Pfeffer / 6 EL Rapsöl

Kohlrabi in ca. 1,5 cm dicke Scheiben schneiden und in kochendem Salzwasser mit Butter 8–10 Min. bissfest garen. Abschrecken und im Sieb gut abtropfen lassen. Eier in einem tiefen Teller verquirlen. Käse reiben und unterrühren. Salzen und pfeffern. Mehl in einen weiteren tiefen Teller geben.

Öl in einer großen beschichteten Pfanne erhitzen. Kohlrabi salzen und pfeffern, im Mehl wenden, durch die Eier-Käse-Sauce ziehen und sofort im heißen Öl anbraten. Auf Küchenpapier abtropfen lassen.

2 SCHWEINESCHNITZEL IN DER MANDELKRUSTE

4 Schweineschnitzel (je 150 g) / 3 Eier /
40 g Mehl / 150 g Semmelbrösel / 6 EL Mandelblättchen / Salz / Pfeffer / 500 g Butterschmalz

Schnitzel mit Klarsichtfolie bedecken und 0,5 cm dünn klopfen. Die Eier in einem tiefen Teller mit einer Gabel verquirlen. Mehl und Semmelbrösel in je einen weiteren Teller geben. Die Mandeln unter die Semmelbrösel mischen.

Schnitzel salzen und pfeffern, im Mehl wenden, durch die Eier ziehen und in der Mandel-Brösel-Mischung panieren. Schmalz in einer großen Pfanne erhitzen und die Schnitzel darin von beiden Seiten 3–5 Min. schwimmend goldgelb ausbacken. Herausnehmen und auf einem Küchenpapier abtropfen lassen.

4 CORDON BLEU

4 Schweineschnitzel (je 150 g) / 4 Scheiben Emmentaler / 4 Scheiben Kochschinken /
2 Eier / 1 EL Sahne / 40 g Mehl / 150 g Semmelbrösel / 150 g Butterschmalz / Salz / Pfeffer

Schnitzel der Länge nach einschneiden, mit Klarsichtfolie bedecken und 0,5 cm dünn klopfen. Je eine Scheibe Käse und Schinken hineinlegen, Schnitzel zuklappen und mit Zahnstochern fixieren. Eier und Sahne in einem tiefen Teller mit einer Gabel verquirlen. Mehl und Semmelbrösel in je einen weiteren Teller geben.

Butterschmalz in einer Pfanne stark erhitzen. Cordon Bleu salzen und pfeffern, im Mehl wenden, durch die Eiersahne ziehen und in den Semmelbröseln panieren. Schnitzel in die Pfanne geben und bei mittlerer Hitze von jeder Seite 3–5 Min. goldbraun braten, auf Küchenpapier abtropfen lassen.

STEAKS

RUMPSTEAK MIT KRÄUTERBUTTER

4 Rumpsteaks (je ca. 200 g) / 1 Handvoll Kräuter /
(z. B. Schnittlauch, Petersilie, Kresse, Estragon) /
½ Bio-Zitrone / 250 g Butter / 1 TL Salz / 1 TL Blüten-
honig / 2 Pr. Cayennepfeffer / Pfeffer / 4 EL Rapsöl /
1 Knoblauchzehe / 1 Zweig Rosmarin

Für die Butter Kräuter fein hacken. Schale von der Zitronenschale abreiben, Saft auspressen. Butter und Salz
mit dem Handmixer aufschlagen. Kräuter, Zitronensaft
und Abrieb zugeben und mit Honig und Pfeffer abschmecken. Die Butter in Klarsichtfolie zu einer Rolle
formen und in den Kühlschrank legen.

Öl in einer großen Pfanne erhitzen. Knoblauchzehe
andrücken und mit dem Rosmarinzweig hinein geben.
Steaks salzen und im heißen Öl von jeder Seite 1 – 2 Min.
scharf anbraten. In eine Auflaufform geben und im Ofen
bei 180 °C (Ober-/Unterhitze) 10 – 12 Min. fertig garen.
Gemahlenen Pfeffer darüber geben und mit der Kräuterbutter anrichten.

SALTIMBOCCA ALLA ROMANA

4 dünne Kalbschnitzel aus der Nuss (je ca. 150 g) /
Salz / Pfeffer / 4 Scheiben Parmaschinken / 8 Salbeiblätter / 1 EL Mehl / 2 EL Butter / 2 EL Olivenöl /
200 ml Weißwein

Schnitzel mit Klarsichtfolie bedecken und flach klopfen, salzen und pfeffern und mit jeweils einer Scheibe
Schinken belegen. Darauf je 2 Salbeiblätter legen. Alles
mit einem Zahnstocher fixieren und Schnitzel auf der
Unterseite mit Mehl bestäuben.

Butter und Öl in eine große beschichtete Pfanne
geben, die Schnitzel von jeder Seite ca. 2 Min. braten
und herausnehmen. Wein in die Pfanne gießen und den
Bratensatz loskochen. Die Sauce mit der Saltimbocca
anrichten.

LAMMLACHSE MIT PETERSILIEN-ZWIEBEL-SALAT

1 Bio-Zitrone / 2 rote Zwiebeln / 2 Bund glatte Petersilie /
8 EL Olivenöl / 2 EL Weißweinessig / Salz / 1 TL Baharat
(alternativ Ras el-Hanout) / Pul Biber / 1 Knoblauchzehe /
1 Zweig Rosmarin / 4 Lammlachse (je ca. 150 g) / Pfeffer

Von der Zitrone 2 Scheiben abschneiden, Rest auspressen.
Zwiebeln in feine Halbmond-Ringe schneiden und mit
den Petersilienblättern in eine Schüssel geben. Mit 4 EL
Öl, Zitronensaft und etwas Essig marinieren und mit Salz,
Baharat und Pul Biber abschmecken.

4 EL Öl in einer großen Pfanne erhitzen. Knoblauch
andrücken, und mit dem Rosmarinzweig und Zitronenscheiben hinzugeben. Lammlachse salzen und im heißen Öl von
jeder Seite 1 – 2 Min. anbraten. In eine Auflaufform geben
und im Ofen bei 180 °C (Ober-/Unterhitze) 10 – 12 Min.
fertig garen. Fleisch schräg in Tranchen schneiden, Pfeffer
darüber mahlen und auf dem Petersilien-Zwiebel-Salat
anrichten.

PUTEN-SALTIMBOCCA MIT PEPERONATA

3 rote Zwiebeln / 2 rote Paprika / 2 gelbe Paprika /
1 Knoblauchzehe / 4 Zweige Thymian / 5 EL Olivenöl /
3 EL Weißweinessig / Salz / Pfeffer / 4 Putensteaks
(je ca. 180 g) / 4 Scheiben Serrano-Schinken /
8 Salbeiblätter

Zwiebeln und Paprika in ca. 0,5 cm breite Spalten
schneiden. Knoblauch hacken. Alles zusammen mit
den Thymianblättern in einer Pfanne mit 2 EL Öl unter
Rühren bei mittlerer Hitze garen, bis das Gemüse weich,
aber nicht gebräunt ist. Mit Essig, Salz und Pfeffer
abschmecken.

 Putensteaks mit Klarsichtfolie bedecken, flach klopfen und mit Salz und Pfeffer würzen. Mit je 1 Scheibe
Schinken und 2 Salbeiblättern belegen und mit Zahnstochern fixieren. Die Schnitzel in einer großen beschichteten Pfanne mit 3 EL Öl von jeder Seite ca. 2 Min.
braten. Mit der Peperonata anrichten.

SCHWEINEMEDAILLONS MIT PFEFFERRAHM

600 g Schweinefilet / Salz / Pfeffer / 3 EL Olivenöl /
1 EL Butter / 2 Schalotten / 300 g Champignons /
1 EL Zucker / 100 ml Weißwein / 300 g Sahne /
2 TL grüner Pfeffer (Glas) / 4 Stiele glatte Petersilie

Schweinefilet in ca. 2 cm breite Medaillons schneiden, mit
dem Handrücken etwas flach drücken und mit Salz und
Pfeffer würzen. In einer großen beschichteten Pfanne mit
2 EL Öl bei hoher Hitze auf jeder Seite ca. 2 Min. anbraten.
In eine Auflaufform geben und im Ofen bei 160 °C (Ober-/
Unterhitze) 7 – 10 Min. fertig garen.

 Butter und 1 EL Öl in die Pfanne geben. Schalotten fein
würfeln und darin bei mittlerer Hitze glasig dünsten. Pilze
halbieren und ca. 2 Min. unter Rühren anbraten. Mit Zucker
karamellisieren und mit Wein ablöschen, Sahne zugießen
und aufkochen. Grünen Pfeffer grob hacken, in die Sauce
geben und mitbraten. Sauce mit Salz und Pfeffer würzen
und mit Petersilienblättchen bestreuen. Medaillons mit dem
Pilzrahm anrichten.

BRATEN

1   SCHWEINEBRATEN

1,5 kg Schweineschulter mit
Schwarte / Salz / Pfeffer /
2 TL Kümmelsamen / 2 EL
Rapsöl / 1 Zwiebel / 1 Bund
Suppengemüse / 1 Flasche
Bier / 1 TL Speisestärke

Fleischschwarte mit scharfem
Messer einritzen. Das Fleisch
rundum mit Salz, Pfeffer und
Kümmel einreiben und in
einem Bräter mit Öl von allen
Seiten stark anbraten. 100 ml
Wasser zugeben. Fleisch mit
der Schwarte nach unten im
Ofen bei 200 °C 15 Min. braten.

Zwiebel und Gemüse klein
würfeln, um den Braten verteilen und 30 Min. rösten. Nach
und nach das Bier übergießen,
dabei den Bratensatz immer
wieder vom Boden lösen. Das
Fleisch 90 Min. weiterbraten.

Sud durch ein Sieb gießen
und gut ausdrücken. Stärke
mit etwas kaltem Wasser glatt
rühren und damit die Sauce
binden.

2   RINDERSCHMORBRATEN

1,2 kg Rinderbraten (z. B. aus Keule
oder Schulter) / Salz / Pfeffer /
2 Zwiebeln / 1 Bund Suppengrün /
2 EL Tomatenmark / 1 TL Zucker /
150 ml Rotwein / ½ TL Koriandersamen / 2 Nelken / 2 zerdrückte
Kardamonkapseln / 2 Pimentkörner /
1 Sternanis / ¼ Zimtstange / 2 EL
Öl / 350 ml Gemüsebrühe (S. 38) /
2 EL dunkler Saucenbinder

Fleisch mit Salz und Pfeffer würzen,
in einem Bräter von allen Seiten
scharf anbraten und beiseitelegen.
Zwiebeln und Suppengrün grob würfeln und 5 Min. im Bräter anbraten.
Tomatenmark und Zucker kurz mitrösten, mit Rotwein ablöschen. Gewürze
in einen Teebeutel oder ein Tee-Ei
geben, hinzulegen und fast vollständig
einkochen lassen.

Fleisch hineinlegen und 200 ml
Gemüsebrühe dazu gießen. Zugedeckt
im Ofen bei 150 °C auf der untersten
Schiene 2 Std. garen. Nach der Hälfte
der Garzeit Braten wenden und restliche Brühe zugeben. Saucenfond
durch ein Sieb in einen Topf streichen
und mit Saucenbinder aufkochen.
Salzen und pfeffern.

3   MEDITERRANER HACKBRATEN

1 Brötchen vom Vortag / 125 ml Milch /
80 g durchwachsener Speck / 4 EL Öl /
3 Zwiebeln / 10 Zweige Thymian /
75 g grüne Oliven ohne Kern / 750 g gemischtes Hackfleisch / 2 Eier /
1 EL edelsüßes Paprikapulver / Salz /
Pfeffer / 100 ml Gemüsebrühe (S. 38)

Brötchen klein würfeln, in eine flache
Schale legen, mit Milch übergießen und
quellen lassen. Speck fein würfeln, in
einer Pfanne in 1 EL Öl kross ausbraten
und beiseitelegen. 1 Zwiebel fein hacken
und im Speckfett anbraten. Blättchen
von 5 Zweigen Thymian kurz mitbraten,
beides beiseitelegen.

Oliven halbieren. Restliche Zwiebeln
in Ringe schneiden, mit 3 EL Öl mischen
und in eine Auflaufform geben. Brötchen
gut ausdrücken, mit Hackfleisch, Speck,
Zwiebeln, Oliven, Eiern, Paprikapulver,
Salz und Pfeffer verkneten und zu einem
Laib von ca. 20 cm Länge formen.

In die Auflaufform legen und mit
5 Zweigen Thymian belegen. Im Ofen
bei 180 °C auf der mittleren Schiene
40–45 Min. braten. Nach 20 Min. die
Brühe darüber gießen.

MEIN ♥-REZEPT

4 TRUTHAHNBRATEN

2 Knoblauchzehen / 4 rote Zwiebeln / 2 Stangen Staudensellerie / 1 Zweig Salbei / 12 Scheiben Pancetta / 50 g Butter / 120 g getrocknete Aprikosen / 40 g Paniermehl / 1 Bio-Zitrone / 300 g Schweinehackfleisch / 1 Ei / 2 TL Muskat / Meersalz / Pfeffer / 1 Bio-Orange / 1 Truthahn (ca. 4 kg) / Olivenöl / 12 Zweige Rosmarin / 2 Möhren / 1 l Geflügelfond / 2 EL Mehl

Für die Füllung Knoblauch hacken, 1 Zwiebel würfeln, Sellerie klein schneiden. Alles mit den Salbeiblättern und 6 Scheiben Pancetta in einem Topf mit Butter bei mittlerer Hitze goldbraun braten. Aprikosen grob teilen und mit dem Paniermehl dazugeben. Zitronenschale darüber reiben. Alles mit Hackfleisch, Ei, Muskat, Salz und Pfeffer durchmischen und mit der ganzen Orange in den Bauch des Truthahns stecken.

Truthahn in einen großen Bräter legen, mit Olivenöl einreiben, salzen und pfeffern. Den restlichen Pancetta darauf legen, Rosmarinzweige in die Haut stecken. Die restlichen Zwiebeln halbieren, Möhren klein schneiden und beides im Bräter verteilen.

Truthahn mit Alufolie bedeckt im Ofen bei 180 °C braten. Die Garzeit berechnet sich nach dem Gewicht: mind. 20 Min. pro 500 g. Nach und nach mit Fond begießen. Saucenfond durch ein Sieb in einen Topf streichen und mit Mehl aufkochen. Salzen und pfeffern.

5 PULLED PORK

2 Knoblauchzehen / 100 g Rohrrohrzucker / 2 EL edelsüßes Paprikapulver / 1 EL Salz / 2 TL Cayennepfeffer / 2 TL Kreuzkümmel / 1 TL Muskat / 1,5 kg Schweinenacken / 250 ml Apfelsaft / 150 ml Gemüsebrühe (S. 38)

Knoblauch klein hacken, mit Zucker und den anderen Gewürzen mischen und das Fleisch damit einreiben.

Apfelsaft und Brühe in eine Auflaufform gießen, den Braten hineinlegen und mit Alufolie bedeckt im Ofen bei 90 °C mind. 8 Std. garen. Dabei den Braten immer wieder mit dem Sud übergießen.

ROULADEN

1 RINDERROULADEN

2 Zwiebeln / 2 Gewürzgurken / 4 Rindsrouladen aus der Oberschale (à 200 g) / 1 EL edelsüßes Paprikapulver / Salz / Pfeffer / 3 EL Senf / 8 Scheiben Bacon / 1 Bund Suppengrün / 2 EL Butterschmalz / 1 EL Tomatenmark / 1 TL Zucker / 250 ml Rotwein / 2 Lorbeerblätter / 400 ml Rinderbrühe / 1 EL Speisestärke

Zwiebeln in halbe Ringe, Gurken in Längsstreifen schneiden. Die Rouladen zwischen Klarsichtfolie flach klopfen. Mit Paprikapulver, Salz und Pfeffer einreiben, mit Senf bestreichen und mit jeweils 2 Streifen Bacon, Zwiebeln und Gurken belegen. Rouladen eng einrollen, mit Rouladennadeln oder Küchengarn fixieren.

Das Suppengemüse in einem großen Bräter mit Schmalz kräftig anbraten. Tomatenmark unterrühren und mit Zucker karamellisieren. Mit Wein ablöschen und einköcheln lassen. Rouladen, Lorbeer und Brühe zugeben und zugedeckt 90 Min. schmoren.

Sauce durch ein Sieb geben, etwa 10 Min. einköcheln. Stärke mit Wasser glatt rühren, nach und nach unter Rühren in die Sauce geben, bis die gewünschte Konsistenz erreicht ist. Mit Senf, Salz und Pfeffer abschmecken.

2 KALBSROULADEN MIT PILZFÜLLUNG

3 Scheiben Toastbrot / 3 EL Butter / 2 Stangen Staudensellerie / 100 g Schalotten / 100 g durchwachsender Speck / 150 g Champignons / 1 kleiner Zweig Rosmarin / Salz / Pfeffer / 6 dünne Kalbsrouladen (à 120 g) / 400 ml Kalbsfond / 20 g getrocknete Steinpilze / 150 g Sahne / 1 EL Speisestärke

Toastbrot klein würfeln und in einer Pfanne mit 1 EL Butter goldgelb rösten, beiseitelegen. Sellerie, Schalotten und Speck fein würfeln. Pilze und Rosmarinnadeln fein hacken. Den Speck in einer Pfanne knusprig braten. Sellerie, Schalotten und 2 EL Butter dazugeben. Nach 3 Min. Pilze, Toast und Rosmarin dazugeben und weitere 3 Min. braten. Salzen und pfeffern.

Rouladen zwischen Klarsichtfolie flach klopfen, mit Salz und Pfeffer würzen. Die Rouladen mit dem Pilz-Gemüse-Ragout bestreichen, fest aufrollen und mit Rouladennadeln oder Küchengarn fixieren. Das Öl in einem Schmortopf erhitzen, die Rouladen darin scharf anbraten. Mit Kalbsfond ablöschen und zugedeckt bei mittlerer Hitze 45 Min. schmoren.

Steinpilze in heißem Wasser 30 Min. einweichen, mit Sud in den Topf füllen und 10 Min. mitkochen. Die Rouladen aus dem Fond nehmen, diesen mit Sahne aufkochen, mit angerührter Stärke binden. Mit Salz und Pfeffer würzen.

3 HÄHNCHEN-INVOLTINI

4 Hähnchenbrustfilets (à ca. 150 g) / Salz / Pfeffer / 4 Stiele Basilikum / 8 getrocknete, eingelegte Tomaten / ½ Büffelmozzarella (ca. 100 g) / 4 dünne Scheiben Parmaschinken / 2 EL Olivenöl

Die Filets flach klopfen, salzen, pfeffern und mit Basilikumblättern und Tomaten belegen. Mozzarella in 4 dicke, längliche Stücke schneiden und in die Mitte legen. Die Filets einrollen und mit je 1 Scheibe Parmaschinken umwickeln.

Die Hähnchen-Involtini in einer ofenfesten Pfanne mit Öl ca. 5 Min. anbraten und im Ofen bei 140 °C auf der mittleren Schiene ca. 15 Min. fertig garen.

4 KOHLROULADEN MIT HACK

1 Weißkohl / 1 kleiner Apfel / 1 Bund Petersilie / 1 EL Fenchelsaat / 3 Zwiebeln / 7 EL Öl / 400 g gemischtes Hackfleisch / 200 g Mett / 2 Eier / 4 EL Semmelbrösel / Salz / Pfeffer / 100 g Sahne / 200 ml Weißwein / 300 ml Gemüsebrühe (S. 38) / 4 Lorbeerblätter

12 Kohlblätter in kochendem Salzwasser 2–3 Min. blanchieren, kalt abschrecken und trocken tupfen. Apfel klein würfeln, Petersilie fein hacken, Fenchel im Mörser zerstoßen. Zwiebeln fein würfeln. ⅓ davon in 3 EL Öl glasig dünsten. Alles kurz mitdünsten. Mit Hackfleisch, Mett, Eiern, Semmelbröseln, Salz und Pfeffer verkneten und zu 6 Rollen formen. Diese auf je 2 Kohlblätter legen. Blattränder einschlagen, einrollen und mit Küchengarn umwickeln.

Rouladen in einem Bräter mit 4 EL Öl hellbraun braten, ⅔ der Zwiebeln zugeben, 1 Min. andünsten und mit Wein ablöschen. Brühe und Lorbeer zugeben, zugedeckt bei milder Hitze 45–50 Min. schmoren. Lorbeerblätter entfernen, Sahne hinzugeben und mit dem Stabmixer pürieren. Salz und pfeffern.

5 WIRSINGROULADEN MIT FORELLE

1 Wirsing / 4 Forellenfilets (à 120 g) / 40 g getrocknete Tomaten / 60 g schwarze Oliven ohne Stein / 1 Bund glatte Petersilie / ½ Bio-Zitrone / Salz / Pfeffer / 40 g Butterschmalz / 2 Zwiebeln / 200 ml Weißwein / 300 ml Gemüsebrühe (S. 38) / 150 g Sahne / 2 Pr. Muskat

8 große, hellgrüne Blätter vom Wirsing lösen, in kochendem Salzwasser 2–3 Min. blanchieren, abschrecken und trocken tupfen. Je 2 Wirsingblätter mit Forellenfilets belegen. Tomaten, Oliven und Petersilienblätter fein hacken. Zitronenschale abreiben. Alles mischen, salzen, pfeffern und auf die Forellen streuen. Kohlblätter einrollen und mit Küchengarn zubinden. Rouladen in einem Topf mit Schmalz bei milder Hitze 5 Min. anbraten, herausnehmen.

Zwiebeln würfeln und im Topf glasig dünsten. Restlichen Wirsing grob schneiden und 3 Min. mitdünsten. Mit Wein und Brühe ablöschen und zugedeckt bei milder Hitze 5 Min. köcheln lassen. Rouladen zugeben und weitere 10 Min. mitgaren, danach beiseitelegen. Sahne zur Sauce gießen, mit dem Stabmixer pürieren und mit Salz, Pfeffer und Muskat abschmecken.

MEIN ♥-REZEPT

GESCHNETZELTES

1 RINDERGESCHNETZELTES MIT PFIFFERLINGEN

2 Rumpsteaks (je 250 g) / 6 EL Olivenöl / Salz / Pfeffer / 2 Pastinaken / 2 Zwiebeln / 300 g Pfifferlinge / 1 EL Butter / 100 g gegarte Maronen / 100 ml Weißwein / 200 ml Rinderfond / 300 g Sahne / 1 EL Speisestärke / ½ Bund Schnittlauch

Fleisch in Streifen schneiden und in einer Pfanne mit 2 EL Öl kurz bei starker Hitze anbraten, dabei salzen und pfeffern, beiseitelegen. Pastinaken in dünne Scheiben schneiden und in der Pfanne mit 2 EL Öl 3 Min. braten. Zwiebeln in feine Streifen schneiden, hinzugeben und 4–5 Min. mitbraten und aus der Pfanne nehmen.

Pilze mit 2 EL Öl und Butter in der Pfanne 1 Min. anbraten. Maronen grob zerbröseln und mit dem Gemüse unterrühren. Mit Wein ablöschen und fast vollständig einkochen lassen. Fond und Sahne zugießen und 3–5 Min. köcheln lassen. Mit angerührter Stärke binden, Fleisch untermischen. Schnittlauch in feine Röllchen schneiden und das Geschnetzelte damit bestreuen. Salzen und pfeffern.

2 EXOTISCHES PUTENGESCHNETZELTES

½ Bio-Zitrone / 600 g Putenbrustfilet / Salz / ½ TL Chiliflocken / 1 EL Honig / 4 EL Sonnenblumenöl / 2 Stangen Staudensellerie / 4 Frühlingszwiebeln / 6 Aprikosen / 400 ml Kokosmilch / 30 g Mandelstifte / 1 EL süß-saure Chilisauce / Pul Biber

Zitronenschale abreiben, Saft auspressen. Putenbrust mit dem Abrieb, Salz, Chiliflocken, Honig und 2 EL Öl marinieren. In dünne Streifen schneiden und in einer Pfanne bei starker Hitze braun anbraten, beiseitelegen.

Sellerie in feine Stücke, Zwiebeln in dünne Ringe schneiden. Beides in der Pfanne mit 2 EL Öl 2–3 Min. anbraten. Aprikosen klein schneiden und kurz mitbraten. Fleisch zugeben, durchschwenken, mit Kokosmilch ablöschen und 3–5 Min. einköcheln lassen.

Mandelstifte in einer beschichteten Pfanne anrösten. Geschnetzeltes mit Zitronensaft, Chilisauce, Salz und Pul Biber abschmecken, mit Mandelstiften bestreuen.

3 GESCHNETZELTES ZÜRICHER ART

750 g Kalbfilet / 2 EL Öl / 1 Zwiebel / 50 g Butter / 1 EL Mehl / 125 ml Weißwein / 250 ml Kalbsfond / 250 g Sahne / Salz / schwarzer Pfeffer / ½ Bio-Zitrone / ½ Bund glatte Petersilie

Kalbsfleisch in dünne Streifen schneiden und in einer Pfanne mit Öl bei starker Hitze kurz anbraten, Fleisch und Saft beiseitelegen.

Zwiebel fein würfeln und mit der Butter in der Pfanne glasig andünsten. Mehl unterrühren, mit Wein ablöschen und einkochen lassen. Fond, Bratensaft und Sahne dazugießen und 3–5 Min. köcheln lassen. Fleisch 3 Min. in der Sauce ziehen lassen. Salzen und pfeffern. Zitronenschale abreiben, Petersilienblätter hacken, beides unter die Sauce rühren.

4 ASIATISCHES SCHWEINEGESCHNETZELTES

600 g Schweinefilet / Salz / 1 TL edelsüßes Paprikapulver / 3 EL Sesamöl / 1 rote Paprika / 1 rote Chilischote / 20 g Ingwer / 2 Knoblauchzehen / 125 g Zuckerschoten / 4 Frühlingszwiebeln / 1 TL Rohrohrzucker /
2 EL Sherry / 200 ml Gemüsebrühe (S. 38) / ½ Bio-
Limette / 3 EL Sojasauce / ½ Bund Koriander

Schweinefilet in dünne Streifen schneiden, mit Salz und Paprikapulver würzen und in einer Pfanne mit 2 EL Öl scharf
anbraten, beiseitelegen. Paprika und Chilischote in feine
Streifen schneiden, Ingwer und Knoblauch fein hacken.

Alles 2 Min. in der Pfanne mit 1 EL Öl anbraten. Zuckerschoten schräg halbieren, Zwiebeln in feine Ringe schneiden. Beides hinzugeben und weitere 2 Min. anbraten. Mit
Zucker karamellisieren, mit Sherry und Brühe ablöschen
und weitere 2–3 Min. einköcheln lassen. Fleisch zugeben,
2 Min. fertig garen.

Limettenschale abreiben, Saft auspressen. Geschnetzeltes mit Sojasauce, Limettensaft und Abrieb abschmecken.
Korianderblätter hacken und darüber streuen.

5 MEDITERRANES KALBSGESCHNETZELTES

60 g Sultaninen / 750 g Kalbsfilet / Salz / Pfeffer /
2 EL Speisestärke / 4 EL Olivenöl / 2 rote Zwiebeln /
3 Strauchtomaten / 3 Knoblauchzehen / 6 Zweige
Thymian / 1 TL Rohrohrzucker / 50 ml Marsala /
200 ml Tomatensaft / 250 ml Hühnerbrühe (S. 42) /
80 g grüne Oliven ohne Stein / 2 EL Kapern

Sultaninen in etwas Wasser einweichen. Kalbsfilet in feine
Streifen schneiden, salzen, pfeffern und in Speisestärke wälzen. In einer Pfanne mit Öl stark anbraten, herausnehmen.

Zwiebeln in dünne Scheiben schneiden und in einer
Pfanne bei mittlerer Hitze 2–3 Min. andünsten. Tomaten in
Spalten schneiden, Knoblauch hacken. Beides mit Thymianblättern hinzugeben und kurz mitbraten. Mit Zucker
karamellisieren und mit Marsala ablöschen. Tomatensaft
und Brühe dazugießen und 3–5 Min. einköcheln lassen.

Sultaninen abgießen und mit Fleisch, Oliven und
Kapern zum Geschnetzelten geben. Mit Salz und
Pfeffer würzen.

MEIN ♥-REZEPT

GULASCH

PROVENZALISCHES RINDERRAGOUT

1,5 kg Rindfleisch aus der Schulter / Salz / 7 EL Rapsöl /
1 Gemüsezwiebel / 1 Bund Suppengrün / 750 ml Rotwein / 1 Bio-Orange / 500 ml Rinderbrühe (S. 45) /
1 Knoblauchzehe / 4 Zweige Thymian / 4 Stiele Petersilie / 2 Lorbeerblätter / 3 getrocknete Tomaten /
Pfeffer / 1 EL Orangenmarmelade / 2 TL Stärke

Fleisch in 2 cm große Stücke schneiden, salzen und
portionsweise in einem Schmortopf mit 4 EL Öl kräftig
anbraten, dann beiseitelegen.

Zwiebel und Suppengrün würfeln und mit 3 EL Öl
in dem Topf anbraten, mit Wein ablöschen. 2 Streifen
Schale von der Orange abschälen, Saft auspressen. Knoblauch vierteln. Das Fleisch und alle weiteren Zutaten bis
auf die Marmelade und Stärke in den Topf geben und
abgedeckt mind. 2 Std. marinieren.

Topf mit leicht geöffnetem Deckel im Ofen bei
150 °C ca. 2 Std. schmoren. Fleisch herausnehmen. Rest
durch ein Sieb in einen anderen Topf gießen, auf 500 ml
einkochen und mit Salz, Pfeffer und Marmelade
abschmecken. Stärke mit kaltem Wasser
glatt rühren und die Sauce damit binden.

UNGARISCHES GULASCH

1 Gemüsezwiebel / 3 Knoblauchzehen / 50 g Butterschmalz / 3 TL edelsüßes Paprikapulver /
2 TL Pimentón picante / 1 kg Rindfleisch aus der
Keule / 5 EL Tomatenmark / Salz / 1 TL Kümmel /
200 ml Rotwein / 3 rote Paprika / 1 Pr. Zucker

Zwiebel und Knoblauch hacken und in einem breiten Topf mit Schmalz glasig dünsten. Paprikapulver
unterrühren. Fleisch in 2 cm große Würfel schneiden
und portionsweise bei mittlerer Hitze unter Rühren
5 Min. braten. Mit Tomatenmark, Salz und Kümmel
würzen, mit Rotwein und 250 ml Wasser ablöschen
und bei milder Hitze 2 – 2,5 Std. schmoren.

Paprika klein schneiden und
30 Min. vor Ende der Garzeit
in das Gulasch geben, fertig
schmoren. Mit Salz und
Zucker abschmecken.

MEIN ♥-REZEPT

LAMMGULASCH MIT KÜRBIS

1 kg Lammfleisch aus der Keule /
6 EL Rapsöl / 2 Gemüsezwiebeln /
2 Knoblauchzehen / 1 EL Tomatenmark / 60 g Rosinen / 1 Zimtstange /
400 ml Gemüsebrühe (S. 38) /
2 Dosen stückige Tomaten (je
400 g) / 2 Lorbeerblätter / ½ kleiner Hokkaido / Salz / Pfeffer / Pul
Biber / 75 g blanchierte Mandeln /
3 Stiele Minze / 6 EL Joghurt

Fleisch in 2 cm große Stücke schneiden und in einem Bräter mit Öl bei
starker Hitze 5–7 Min. anbraten.
Zwiebeln und Knoblauch kleinhacken
und 2 Min. mitbraten. Tomatenmark,
Rosinen und die Zimtstange einrühren. Die Brühe mit Tomaten, Lorbeer
hinzugießen und alles zugedeckt bei
milder Hitze 1,5 Std. garen.

Kürbis in ca. 1,5 cm große Würfel
schneiden und 20 Min. vor Ende der
Garzeit zum Gulasch geben. Zimtstange und Lorbeerblätter entfernen und
das Gulasch mit Salz, Pfeffer und Pul
Biber würzen.

Mandeln grob hacken und in einer
Pfanne rösten. Minzblättchen zerrupfen, in den Joghurt rühren und mit
den Mandeln zum Gulasch geben.

SZEGEDINER SCHWEINE-GULASCH

1 kg Schweineschulter / 1 rote
Paprika / 1 gelbe Paprika / 1 Ge-
müsezwiebel / 1 Dose Sauer-
kraut (570 g) / 1 TL edelsüßes
Paprikapulver / 1 TL scharfes
Paprikapulver / 1 TL gemahlener
Kümmel / 2 TL Oregano / 150 g
Sahne / 250 ml Gemüsebrühe
(S. 38) / 2 TL Tomatenmark /
Salz / Pfeffer / 4 Stiele glatte
Petersilie / 200 g saure Sahne

Fleisch und Paprika in mundgerechte Stücke schneiden. Zwiebel hacken. Alles mit dem Sauerkraut und den Gewürzen in einen
Bräter geben und mischen.

Sahne, Brühe und Tomaten-
mark aufkochen. Mit Salz und
Pfeffer würzen und über die Gu-
laschmischung gießen. Zugedeckt
im Ofen bei 170 °C 2 Std. garen.
Dabei gelegentlich umrühren, die
letzten 30 Min. offen garen. Petersilienblättchen hacken und unter
das fertige Gulasch mischen. Mit
saurer Sahne anrichten.

GEMÜSEGULASCH

1 Gemüsezwiebel / 4 EL Olivenöl / 3 Möhren / 2 Pastinaken /
2 Lorbeerblätter / 1 Knoblauchzehe /
2 EL Tomatenmark / 1 Paprika /
½ Blumenkohl / 6 Tomaten / 1 Dose
Weiße Riesenbohnen (250 g) / Salz /
1 TL Pimentón picante / 5 Stiele
glatte Petersilie

Zwiebel hacken und in einem großen
ofenfesten Topf mit Öl 3 Min. glasig
dünsten. Möhren und Pastinaken in
1 cm große Würfel schneiden und unter Rühren 3 Min. mitdünsten. Knoblauchzehe andrücken mit Lorbeer,
Tomatenmark und 500 ml Wasser in
den Topf geben. Zugedeckt bei mittlerer Hitze 30 Min. köcheln lassen.

Paprika und Blumenkohl würfeln,
Tomate klein schneiden. Alles zusammen mit den Bohnen unter das
Gulasch mischen und mit Salz und
Pfeffer würzen. Zugedeckt im Ofen bei
160 °C 30 Min. schmoren. Lorbeerblatt
entnehmen. Petersilienblättchen fein
hacken und unter das fertige Gulasch
mischen.

CURRY

① HÄHNCHEN-CURRY

½ Zitrone / 4 Knoblauchzehen / 30 g Ingwer / 1 EL Öl / 2 TL Salz / 1 EL Kreuzkümmel / 2 EL Garam Masala / 1 EL Paprikapulver / 2 TL Koriander /
200 g Naturjoghurt / 750 g Hähnchenbrustfilets / 2 Schalotten / 2 EL Butterschmalz / 40 g Cashewnüsse / 1 Dose stückige Tomaten (425 g) / 1 TL Kurkuma / 100 mg Crème double

Saft aus Zitrone pressen, Knoblauch und Ingwer hacken. Alles mit Öl, 1 TL Salz,
Kreuzkümmel, Garam Masala, Paprikapulver, Koriander und Joghurt verrühren.
Fleisch klein schneiden, unter die Marinade mischen und mind. 2 Std. abgedeckt
im Kühlschrank ziehen lassen.

Schalotten würfeln, in einer großen Pfanne mit Schmalz anschwitzen.
Cashewnüsse kurz anrösten. Fleisch mit Marinade dazugeben und bei mittlerer
Hitze ca. 15 Min. garen.

In einem großen Topf Tomaten erhitzen, mit Kurkuma und 1 TL Salz würzen
und 20 Min. bei mittlerer Hitze köcheln lassen. Mit dem Stabmixer pürieren,
Fleisch mit der Marinade und Crème double unterrühren und 5 Min. fertig garen.

MEIN ♥-REZEPT

2 SCHWEINE-CURRY

1 Bio-Limette / 3 EL Sojasauce / 1 EL brauner Zucker / 600 g Schweinefilet / 3 TL gelbe Thai-Currypaste / 1 Dose Kokosmilch (400 ml) / 3 Frühlingszwiebeln / 30 g Ingwer / 1 EL Koriander / 1 Mango / 400 g Prinzessbohnen / Salz

Schale der Limette abreiben und Saft auspressen. Beides mit Sojasauce und Zucker verrühren. Fleisch in schmale Streifen schneiden und mit der Marinade mind. 2 Std. im Kühlschrank ziehen lassen.

Currypaste mit etwas Kokosmilch in einem Topf kurz anbraten. Zwiebeln in Ringe schneiden, Ingwer fein hacken. Beides mit Koriander und dem Fleisch hinzugeben und unter Wenden 5 Min. garen. Mit der restlichen Kokosmilch ablöschen und bei mittlerer Hitze 20 Min. köcheln lassen. Mango würfeln, Bohnen in kochendem Salzwasser 12 Min. garen. Beides zum Curry geben und mit Salz abschmecken.

3 RINDFLEISCH-CURRY

3 Zwiebeln / 15 g Galgantwurzel / 2 Stiele Zitronengras / 4 EL Öl / 3 Kaffirlimettenblätter / 1 EL gelbe Currypaste / 1 TL Kurkuma / 750 g Rindernacken / 1 Dose Kokosmilch (400 ml) / 400 g Hokkaido / 1 Limette / 3 EL Fischsauce / 1 EL Palmzucker / 40 g Erdnüsse / 6 Stiele Koriander / 100 g Sojasprossen

Zwiebeln fein würfeln, Galgant in Scheiben schneiden. Das weiße Innere des Zitronengrases in 4 cm lange Stücke schneiden. Alles mit 2 EL Öl und Kaffirlimettenblätter in einem Topf unter Rühren 3 Min. anbraten. Currypaste und Kurkuma hinzufügen und kurz mitdünsten.

Fleisch in einer Pfanne mit 2 EL Öl anbraten und mit der Kokosmilch in den Topf geben, zugedeckt bei mittlerer Hitze 50 Min. köcheln lassen.

Kürbis in 1 cm breite Spalten schneiden und 20 Min. vor Ende der Garzeit zum Curry geben. Limette über dem Curry auspressen, Fischsauce und Palmzucker unterrühren. Erdnüsse in einer Pfanne rösten und mit den Korianderblättern und Sojasprossen über das Curry streuen.

4 GARNELEN-CURRY

1 mittelgroßer Butternusskürbis / 2 EL Currypulver / 4 EL Öl / 4 Schalotten / 1 Dose Kokosmilch (400 ml) / Salz / Pfeffer / 500 g geschälte Garnelen / 300 g Zuckerschoten / 1 EL Fischsauce / 1 Limette / 8 Stiele glatte Petersilie

Kürbis in mundgerechte Stücke schneiden, auf ein Backblech legen, Currypulver und 2 EL Öl darüber geben und im Ofen bei 200 °C 20 Min. rösten.

Schalotten in feine Halbringe schneiden und in einem großen Topf mit 2 EL Öl bei mittlerer Hitze 3 Min. dünsten. Mit Kokosmilch ablöschen. Kürbisstücke hinzufügen und mit Salz und Pfeffer würzen. Zugedeckt bei mittlerer Hitze 10 Min. garen. Garnelen, Zuckerschoten und Fischsauce untermischen und 3 Min. fertig garen.

Limette auspressen. Das Curry mit Petersilienblättern bestreuen und mit Salz, Pfeffer und Limettensaft abschmecken.

5 SÜSSKARTOFFEL-CURRY

1 rote Zwiebel / 2 EL Olivenöl / 2 Süßkartoffeln / 1 rote Paprika / 1 EL Tomatenmark / 1 EL Currypulver / Salz / Pfeffer / Chiliflocken / 1 Dose Kokosmilch (400 ml) / 8 Kirschtomaten / 80 g Zuckerschoten / 1 Limette / 8 Stiele Basilikum

Zwiebel fein würfeln und mit Öl in einer großen Pfanne bei mittlerer Hitze 2 Min. dünsten. Kartoffeln und Paprika in mundgerechte Stücke schneiden, Tomatenmark und Currypulver hinzufügen und 4 Min. unter Wenden anbraten. Mit Salz, Pfeffer und Chiliflocken würzen.

Mit der Kokosmilch ablöschen und bei mittlerer Hitze 10 – 15 Min. köcheln lassen. Tomaten halbieren und mit den Zuckerschoten in die Pfanne geben. Alles umrühren. Limette auspressen. Curry mit Basilikumblättern bestreuen und mit Limettensaft abschmecken.

PAELLA

PAELLA MIT VENUSMUSCHELN UND HÄHNCHENSCHENKELN

8 Hähnchenschenkel / 1 TL edelsüßes Paprikapulver / Salz / Pfeffer / 8 EL Olivenöl / 1 Zwiebel / 2 Knoblauchzehen / 250 g Paellareis / 1 Zimtstange / 1 getrocknete Chilischote / ½ TL Pimentón picante / 80 ml Weißwein / 1 l Hühnerbrühe (S. 42) / 1 Döschen Safranfäden (0,1 g) / 500 g Venusmuscheln / 150 g TK-Erbsen / 4 Stiele Petersilie / 1 Zitrone

Hähnchenschenkel mit Paprikapulver, Salz und Pfeffer einreiben. In einer großen Pfanne mit 4 EL Öl bei mittlerer Hitze 8–10 Min. goldbraun braten und beiseitelegen.

Zwiebel und Knoblauch fein würfeln und in der Pfanne mit 4 EL Öl glasig dünsten. Reis und die Zimtstange zugeben und mitdünsten. Chilischote hacken und mit Pimentón hinzugeben. Mit Wein ablöschen und fast vollständig einkochen. Brühe mit Safran zum Reis gießen, die Hähnchenkeulen zugeben und bei mittlerer Hitze 10 Min. garen.

Muscheln unter fließend kaltem Wasser waschen, geöffnete aussortieren und mit den Erbsen in die Pfanne geben. Zugedeckt 10–15 Min. fertig garen. Geschlossene Muscheln aussortieren. Paella mit Salz und Pfeffer würzen. Petersilienblätter hacken und darüber streuen. Die Zitrone darüber auspressen.

PAELLA MIT HUHN UND GARNELEN

2 Zweige Rosmarin / 2 Hähnchenbrustfilets (je 200 g) / 1 TL edelsüßes Paprikapulver / Salz / Pfeffer / 4 EL Olivenöl / 3 Tomaten / 1 rote Paprika / 4 Knoblauchzehen / 1 Döschen Safranfäden (0,1 g) / 1 l Hühnerbrühe (S. 42) / 250 g Paellareis / 200 g geschälte TK-Garnelen / 150 g TK-Erbsen / 4 Stiele Petersilie / 1 Zitrone

Rosmarin hacken. Hähnchen in ca. 2 cm große Stücke schneiden und mit Paprikapulver, Salz, Pfeffer und etwas Rosmarin würzen. In einer großen Pfanne mit Öl scharf anbraten und beiseitelegen. Tomaten und Paprika in mundgerechte Stücke schneiden, Knoblauch hacken. Alles im Bratfett anbraten.

Safran in einer Schale mit 5 El heißem Wasser auflösen und mit der Brühe in die Pfanne gießen. Reis gleichmäßig darin verteilen und bei starker Hitze 12 Min. ohne Umrühren offen kochen lassen. Hähnchen, Garnelen und Erbsen unterrühren, bei milder Hitze 8 Min. köcheln lassen. Paella salzen und pfeffern. Petersilienblätter hacken und darüber streuen. Zitrone darüber auspressen.

MEIN ♥-REZEPT

GEMÜSEPAELLA

1 Knoblauchzehe / 1 rote Zwiebel / 1 rote Pfefferschote / 4 EL Olivenöl / 250 g Paellareis / 1 TL Kreuzkümmel / 1 TL Koriander / 1 Döschen Safranfäden (0,1 g) / 600 ml Gemüsebrühe (S. 38) / 1 Fenchelknolle mit Grün / 1 gelbe Paprika / 1 Dose Weiße Bohnen (500 g) / 40 g schwarze kernlose Oliven / Salz / Pfeffer / 100 g Mini-Flaschentomaten / 2 Stiele glatte Petersilie

Knoblauch in dünne Scheiben, Zwiebel in ca. 2 cm breite Spalten und Pfefferschote in dünne Ringe schneiden. Alles in einer großen Pfanne mit Öl bei mittlerer Hitze 2–3 Min. dünsten. Reis mit Kreuzkümmel und Koriander kurz mitrösten. Safran in einer Schale mit 5 El heißem Wasser auflösen und mit der Brühe in die Pfanne gießen. Fenchel in ca. 1 cm dicke Scheiben, Paprika in Spalten schneiden und zugeben. Die Paella 5 Min. köcheln lassen.

Bohnen und Oliven unterheben, mit Salz und Pfeffer würzen. Tomaten längs halbieren und auf die Paella legen, im Ofen bei 180 °C 15–20 Min. fertig garen. Petersilienblätter und Fenchelgrün fein hacken und die Gemüsepaella damit bestreuen.

NUDELPAELLA MIT CHORIZO

300 g Chorizo picante / 4 EL Olivenöl / 2 Knoblauchzehen / 400 g Risoni-Nudeln / 2 Lorbeerblätter / 1 Zwiebel / 1 Fenchelknolle / 300 g Kirschtomaten / 1 EL Zucker / 80 ml Weißwein / 1 l Hühnerbrühe (S. 42) / 2 Zweige Thymian / Salz / Pfeffer / 6 Stiele Petersilie / ½ Zitrone

Chorizo in dünne Scheiben schneiden. In einer großen Pfanne mit 1 EL Olivenöl bei mittlerer Hitze knusprig braten und beiseitelegen.

Knoblauch hacken und mit Nudeln und Lorbeer in der Pfanne mit 3 EL Öl unter Rühren ca. 5 Min. rösten. Zwiebel würfeln, Fenchel in Spalten schneiden und 3 Min. mitdünsten. Tomaten halbieren und mit der Chorizo zugeben, alles durchschwenken und mit Zucker karamellisieren. Mit Weißwein ablöschen und fast vollständig einkochen lassen.

Brühe und Thymianzweige zugeben und mit Salz und Pfeffer würzen. Unter Rühren ca. 20 Min. garen, Lorbeer und Thymian entfernen. Petersilienblätter fein hacken und darüber streuen. Die Zitrone darüber auspressen.

PAELLA MIT MEERESFRÜCHTEN

3 Zwiebeln / 2 Knoblauchzehen / 4 EL Olivenöl / 4 Stangen Staudensellerie / 180 g Paellareis / 1 TL Tomatenmark / 1 EL Butter / 4 EL Sherry / 200 ml Weißwein / 1 l Hühnerbrühe (S. 42) / 2 Tomaten / 4 EL Pistazien / 2 Lorbeerblätter / Salz / Pfeffer / 1 Pr. Zucker / 300 g Calamari-Tuben / 500 g geschälte TK-Garnelen / 6 Stiele Petersilie / 1 Zitrone

Zwiebeln und Knoblauch fein würfeln und in einer großen ofenfesten Pfanne mit Öl glasig dünsten. Sellerie klein schneiden und mit dem Reis unter Rühren ca. 5 Min. anbraten. Tomatenmark und Butter unterrühren und anrösten. Mit Sherry und Weißwein ablöschen und mit der Brühe auffüllen. Tomaten klein schneiden, Pistazien grob hacken. Beides mit dem Lorbeer untermischen und mit Salz, Pfeffer und Zucker würzen.

Die Paella im Ofen bei 180 °C 20 Min. garen. Calamari in dünne Ringe schneiden und mit den Garnelen 5 Min. vor Ende der Garzeit untermischen. Lorbeer entfernen. Petersilienblätter hacken und darüber streuen. Zitrone darüber auspressen.

GEDÜNSTETER FISCH

LACHS IM TOMATEN-DILL-PÄCKCHEN

1 Bio-Zitrone / 4 Lachsfilets (je 160 g) / Salz / Pfeffer / 3 EL Olivenöl / 12 Kirschtomaten / 2 Schalotten / 3 Stiele Dill / 1 Ei

Zitronenschale abreiben, Zitrone in Scheiben schneiden. Lachsfilets mit Salz, Pfeffer und Zitronenabrieb würzen. 4 Bögen Backpapier groß zuschneiden, mit 1 EL Öl bestreichen und je 1 Lachsfilet darauf legen. Tomaten halbieren, Schalotten in schräge Ringe schneiden und beides rundum verteilen.

Lachs mit je 2 Zitronenscheiben und Dillblättern belegen und mit 2 EL Öl beträufeln. Ei trennen. Papier über dem Fisch zusammenfalten, Enden mit Eiweiß bestreichen und mit Küchengarn zubinden. Päckchen im Ofen bei 180 °C 10–15 Min. garen.

ROTBARSCH IM GEMÜSENEST

3 Möhren / 1 Kohlrabi / 3 EL Olivenöl / 6 Frühlingszwiebeln / 1 Pr. Zucker / 2 EL Wermut / Salz / Pfeffer / 4 Stiele Petersilie / 8 Rotbarschfilets (je ca. 100 g) / ½ Zitrone / 1 Ei / 1 EL Butter

Möhren in dünne Scheiben, Kohlrabi in feine Stifte schneiden, beides in einer Pfanne mit Öl 2–3 Min. anbraten. Frühlingszwiebeln in 3 cm lange Stücke schneiden und 3 Min. in der Pfanne mitdünsten. Mit Zucker karamellisieren, mit Wermut ablöschen, salzen und pfeffern. Petersilienblättchen hacken und unter das Gemüse mischen.

Rotbarsch salzen und pfeffern. Die Zitrone darüber auspressen, das Ei trennen. 4 Bögen Backpapier groß zuschneiden, das Gemüse mittig darauf verteilen und mit jeweils 2 Fischfilets und Butterflöckchen belegen. Papier über dem Fisch zusammenfalten, Enden mit Eiweiß bestreichen und mit Küchengarn zubinden. Päckchen im Ofen bei 180 °C 10–12 Min. garen.

MEIN ♥-REZEPT

ZANDER IM ZITRONENRAHM

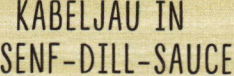

**2 Bio-Zitronen / 2 Schalotten /
1 Knoblauchzehe / 2 EL Olivenöl /
2 EL Weißwein / 300 g Sahne / 300 g
Crème fraîche / 1 EL Tafel-Meerrettich /
Salz / Pfeffer / 4 Zanderfilets (je ca. 180 g) /
6 Frühlingszwiebeln**

Für den Zitronenrahm Schale einer Zitrone abreiben, Saft auspressen. Schalotten und Knoblauch hacken, in einer Pfanne mit 1 EL Öl 2–3 Min. andünsten, mit Weißwein ablöschen. Sahne, Crème fraîche und Meerrettich unterrühren und kurz aufkochen. Mit Salz, Pfeffer, Zitronensaft und Abrieb abschmecken.

Zanderfilets salzen, pfeffern und in eine Auflaufform mit 1 EL Öl legen. Frühlingszwiebeln in schräge Ringe schneiden und andere Zitrone in Scheiben schneiden. Beides auf dem Zander verteilen und mit Zitronenrahm übergießen. Im Ofen bei 180 °C ca. 10 Min. offen, dann 10 Min. mit Alufolie abgedeckt garen.

TROTA EN SAÔR

6 Rosinen / 100 ml Weißwein / 1 Schalotte / 60 ml Weißweinessig / 70 ml Olivenöl / 1 Nelke / 2 Lorbeerblätter / 6 Pfefferkörner / 1 Orange / 1 Möhre / ½ Stange Staudensellerie / 2 Forellenfilets mit Haut (je ca. 300 g) / 12 geröstete Pinienkerne / Salz / Pfeffer / 2 EL Pinienkerne

Für die Marinade Rosinen in 3 EL Wein einweichen. Schalotte fein würfeln und mit Wein, Essig, 50 ml Öl, Nelke, Lorbeer und Pfefferkörnern bei mittlerer Hitze auf ein Viertel reduzieren. Orange darüber auspressen. Möhre und Sellerie in dünne Scheiben schneiden und 5 Min. vor Ende der Kochzeit mit den Rosinen hinzugeben.

Fischfilets salzen, pfeffern und in einer Pfanne mit 20 ml Öl auf der Hautseite ca. 2 Min. anbraten. Herausnehmen, Haut abziehen. Die Filets jeweils schräg in 3 Stücke schneiden, in einer Form mit der Marinade begießen. Mind. 5 Std. in den Kühlschrank legen. Pinienkerne in einer Pfanne rösten und über die Fischfilets streuen.

KABELJAU IN SENF-DILL-SAUCE

½ Zitrone / 4 Kabeljaufilets (je ca. 200 g) / Salz / Pfeffer / 2 Schalotten / 20 g Butter / 1 Pr. Zucker / 50 ml Weißwein / 200 ml Gemüsebrühe (S. 38) / 200 g Sahne / 2 EL Kapern aus dem Glas / 6 Stiele Dill / 2 EL Dijon-Senf

Saft aus der Zitrone pressen und die Fischfilets damit marinieren. Salzen und pfeffern. Schalotten fein würfeln und in einem großen Topf mit Butter glasig dünsten, mit Zucker karamellisieren und mit Wein ablöschen. Brühe, Sahne und 2 EL Kapernsud zufügen. Kabeljau mit den Kapern in den Topf geben und zugedeckt 6–8 Min. bei schwacher Hitze gar ziehen lassen.

Fisch mit einer Schaumkelle herausnehmen. Die Sauce 5 Min. offen köcheln lassen. Dillblätter hacken und mit dem Senf in die Sauce rühren.

GEBRATENER FISCH

LACHS MIT ZITRONENBUTTER

½ Vanilleschote / ½ Zitrone / 3 EL Butter / 4 Lachsfilets mit Haut
(je ca. 160 g) / Salz / Pfeffer

Mark aus der Vanilleschote kratzen, Zitrone auspressen und beides mit der Butter in
einer großen Pfanne anbraten, dabei schwenken. Lachsfilets salzen. Mit der Hautseite nach
unten in die Pfanne legen und 4 – 5 Min. braten, bis die Hautseite knusprig ist. Lachs umdrehen
und 2 – 3 Min. fertig braten. Zitronenbutter über den Fisch löffeln, mit Salz und Pfeffer würzen.

ZANDER IM SPECKMANTEL AUF BALSAMICO-LINSEN

150 g Berglinsen (oder Tellerlinsen) / 2 EL Aceto Balsamico / 4 EL Olivenöl / 500 g Wurzelgemüse (z. B. Möhren, Sellerie, Petersilienwurzel) /
2 Schalotten / ½ Orange / Salz / Pfeffer / 4 Zanderfilets (je ca. 150 g) /
4 Scheiben durchwachsener Speck

Linsen in heißem Wasser nach Packungsangabe bissfest garen und in eine
Schüssel geben. Essig und 2 EL Öl hinzugießen, umrühren und ziehen lassen.
  Wurzelgemüse und Schalotten klein würfeln und in einem breiten Topf
mit 2 EL Öl bei mittlerer Hitze anbraten. Orange darüber auspressen. Bei
schwacher Hitze 5 – 7 Min. zugedeckt garen. Linsen zugeben, untermischen
und mit Salz und Pfeffer abschmecken.
  Zanderfilets mit Pfeffer würzen und mit je 1 Scheibe Speck umwickeln.
Filets in einer beschichteten Pfanne 3 Min. braten, wenden und weitere 3 Min.
fertig braten. Zander auf den Linsen anrichten.

MEIN ♥-REZEPT

ROTBARSCH MIT REMOULADE

1 Zitrone / 4 Rotbarschfilets (je ca. 160 g) / 2 Eier / 4 EL Mehl / 4 EL Semmelbrösel / Salz / Pfeffer / 3 EL Butterschmalz / 8 EL Remoulade (S. 146)

Zitrone in eine Schale auspressen. Die Fischfilets in dem Saft wenden und mind. 15 Min. marinieren. Eier in eine flache Schale aufschlagen und mit einer Gabel verquirlen. Mehl und Semmelbrösel in weitere Schalen geben.

Fisch salzen und pfeffern, im Mehl wenden, durch das Ei ziehen und in den Semmelbröseln panieren. Butterschmalz in einer großen Pfanne erhitzen, Filets von jeder Seite 4–5 Min. braten. Mit der Remoulade sofort servieren.

GARNELEN MIT AIOLI

20 TK-Riesengarnelen / 1 Zitrone / 1 Chilischote / 2 Knoblauchzehen / 4 EL Olivenöl / Fleur de Sel / 8 EL Aioli (S. 146)

Garnelen auftauen. Zitrone auspressen. Chilischote und Knoblauch in feine Scheiben schneiden und in einer großen beschichteten Pfanne mit Öl erhitzen. Garnelen darin ca. 4 Min. scharf anbraten, salzen und mit Zitronensaft ablöschen. Garnelen mit Aioli anrichten.

SAIBLING MIT SPECK-SCHALOTTEN

2 Schalotten / 30 g durchwachsener Speck / 4 Salbeiblätter / 2 EL Butter / 3 Bachsaiblingsfilets mit Haut (je ca. 200 g) / Salz / 2 EL Olivenöl / 1 Zitrone / Pfeffer

Schalotten in Ringe, Speck in feine Streifen schneiden. Salbeiblätter hacken. Alles zusammen mit Butter in eine Pfanne geben und 2 Min. anbraten. Fischfilets halbieren, salzen und in einer beschichteten Pfanne mit Öl bei mittlerer Hitze auf der Hautseite 3–4 Min. knusprig braten. Fisch wenden und ca. 2 Min. fertig garen. Saft aus der Zitrone pressen, den Fisch damit beträufeln und mit gemahlenem Pfeffer würzen. Mit den Speck-Schalotten anrichten.

BURGER

1 HAMBURGER

Für die Patties: 600 g Rinderhackfleisch / 1 TL mittelscharfer Senf / 1 TL Meersalz / 1 TL Pfeffer / 2 EL Olivenöl

Für die Burgersauce: 1 Ei / 15 g körniger Dijon-Senf / 1 TL Apfelessig / 180 ml Sonnenblumenöl / 8 g frischer Meerrettich / 3 EL Ketchup (S. 148) / 1 TL edelsüßes Paprikapulver / 1 TL Oregano / Salz / Pfeffer

1 Fleischtomate / 1 rote Zwiebel / 4 Buns (S. 137) / 8 Blätter Lollo Bianco / 8 EL Ketchup (S. 148)

Für die Patties Fleisch, Senf, Salz und Pfeffer zu 4 flachen Bratlingen formen und in einer Pfanne mit Öl 8 Min. braten.

Für die Burgersauce Ei trennen und Eigelb mit Senf und Essig in einer Schüssel mit dem Schneebesen verquirlen, dabei Öl in dünnem Strahl hineingießen. Meerrettich hinein reiben und Ketchup einrühren, mit Paprikapulver, Oregano, Salz und Pfeffer abschmecken.

Tomate in Scheiben, Zwiebel in Ringe schneiden. Buns aufschneiden und im Ofen bei 200 °C 3 Min. rösten. Je Burger wie folgt schichten: Bun-Boden, 2 EL Sauce, 2 Blätter Salat, Tomatenscheiben, Patty, Zwiebelringe, 2 EL Ketchup und Bun-Deckel.

2 SWEET POTATO BURGER

Für die Patties: 2 Süßkartoffeln / 3 EL Olivenöl / 50 g TK-Erbsen / 50 g Zuckermais aus der Dose / 1 Frühlingszwiebel / ½ rote Paprika / 60 g Schmelzflocken / 1 Ei / Salz / Pfeffer

Für das Schmorgemüse: 1 kleine Zucchini / 1 Zweig Rosmarin / 2 EL Olivenöl / Salz / Pfeffer

4 Buns (S. 137) / 2 Tomaten / 8 EL Burgersauce / 8 EL Ketchup (S. 148) / 4 Blätter Kopfsalat

Für die Patties 1 Kartoffel in Scheiben schneiden, auf ein mit Backpapier ausgelegtes Backblech geben, mit 1 EL Öl beträufeln und im Ofen bei 230 °C 25 Min. backen. Gebackene Kartoffelscheiben mit Erbsen und Mais in einer Schüssel zerdrücken. 1 weitere Kartoffel reiben, Zwiebel und Paprika klein schneiden. Alles mit Schmelzflocken und Ei in die Schüssel geben, umrühren, salzen und pfeffern. 4 flache Bratlinge formen und in der Pfanne mit 2 EL Öl bei mittlerer Hitze 8 Min. braten.

Für das Schmorgemüse Zucchini in dünne Scheiben schneiden und mit den Rosmarinnadeln und Öl in einer Pfanne erhitzen. Salzen und pfeffern.

Buns aufschneiden und im Ofen bei 200 °C 3 Min. rösten. Tomaten in Scheiben schneiden. Je Burger wie folgt schichten: Bun-Boden, 2 EL Burgersauce, 1 Salatblatt, Patty, Tomatenscheiben, Schmorgemüse, 2 EL Ketchup und Bun-Deckel.

MEIN ♥-REZEPT

3 SALMON BURGER

Für den Rote-Bete-Salat: 100 g gekochte Rote Beten / 4 EL Weißweinessig / Salz / Zucker

Für die Sauce: 1 Avocado / 1 Limette / Salz / Pfeffer

Für die Patties: 600 g Lachsfilet / 2 EL Öl / Salz / Pfeffer / 20 g Meerrettich

4 Roggenbrötchen / 1 rote Zwiebel / 4 EL Mayonnaise (S. 146)

Für den Salat Rote Bete in feine Scheiben schneiden und mit Essig, Salz und Zucker mischen. 20 Min. ziehen lassen.

Für die Sauce Avocado mit einer Gabel zerdrücken, Limette auspressen. Saft mit Avocado verrühren, salzen und pfeffern.

Für die Patties Lachs fein würfeln, zu 4 Bratlingen formen und in einer Pfanne mit Öl bei mittlerer Hitze 4 Min. braten. Salzen, pfeffern und Meerrettich darüber hobeln.

Brötchen aufschneiden, Zwiebel in feine Ringe schneiden. Je Burger wie folgt schichten: Brötchenboden, 2 EL Sauce, Zwiebelringe, Salat, Patty, 1 EL Mayonnaise und Brötchendeckel.

4 PULLED PORK BURGER

Für die Patties: 2 Knoblauchzehen / 100 g Rohrohrzucker / 2 EL edelsüßes Paprikapulver / 2 TL Pfeffer / 2 TL Kreuzkümmel / 1 TL Muskat / 1 EL Salz / 1,5 kg Schweinenacken

Für den Krautsalat: 500 g Rotkohl / 1 Bund Petersilie / 30 g Ingwer / 8 Wacholderbeeren / 1 TL Kümmel / 2 EL Essig / 2 EL Olivenöl / 1 EL Honig / Salz / Pfeffer

8 EL Ketchup (S. 148) / 4 Kartoffelbrötchen

Für die Patties Knoblauch hacken, mit Zucker, Paprikapulver, Pfeffer, Kreuzkümmel, Muskat und Salz mischen und Fleisch damit einreiben. In eine Auflaufform legen und mit Alufolie bedeckt im Ofen bei 90 °C mind. 8 Std. garen.

Für den Krautsalat Rotkohl in feine Streifen schneiden, Petersilie hacken, Ingwer reiben. Wacholder und Kümmel im Mörser zerstoßen und mit Essig, Öl, Honig, Salz und Pfeffer vermischen. 20 Min. ziehen lassen.

Brötchen aufschneiden, Fleisch mit der Gabel zerrupfen. Je Burger wie folgt schichten: Brötchenboden, Salat, Patty, 2 EL Ketchup und Brötchendeckel.

5 CHICKEN BURGER

Für die Patties: 4 Hähnchenbrustfilets (ca. 600 g) / 1 EL Currypulver / 1 EL edelsüßes Paprikapulver / Salz / Pfeffer / 2 EL Öl

1 Fleischtomate / 1 rote Zwiebel / 4 Buns (S. 137) / 8 Blätter grüner Eichblatt / 8 EL Ananas-Relish (S. 143) / 8 EL Ketchup (S. 148)

Für die Patties Filets in je 2 Stücke schneiden, mit Curry- und Paprikapulver, Salz und Pfeffer einreiben und in einer Pfanne mit Öl 6 Min. braten.

Tomate in Scheiben, Zwiebel in Ringe schneiden. Buns aufschneiden und im Ofen bei 200 °C 3 Min. rösten. Je Burger wie folgt schichten: Bun-Boden, 2 Blätter Salat, Tomatenscheiben, Patty, Zwiebelringe, 2 EL Relish, 2 EL Ketchup und Bun-Deckel.

GEFÜLLTES GEMÜSE

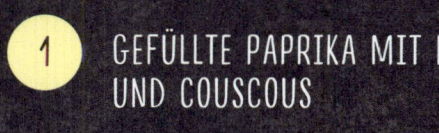

1 GEFÜLLTE PAPRIKA MIT FETA UND COUSCOUS

1 rote Zwiebeln / 2 Knoblauchzehen /
1 Zweig Rosmarin / 1 kleine Zucchini /
6 EL Olivenöl / 50 ml Portwein /
300 ml Gemüsebrühe (S. 38) /
1 Strauchtomate / 8 getrocknete
Tomaten / 50 g Rosinen / 200 g
Feta / 250 g Couscous (moyen) /
Fleur de Sel / Pul Biber / 4 rote
Paprika

Zwiebel, Knoblauch und Rosmarin
klein hacken, Zucchini klein würfeln.
Alles in einer großen Pfanne mit
2 EL Öl anbraten. Mit Portwein
ablöschen, ca. 2 Min. einköcheln
lassen und die Brühe hinzugießen.
Tomate klein würfeln. Getrocknete
Tomaten und Rosinen klein
hacken. Feta zerbröseln. Alles mit
dem Couscous in eine Schüssel geben, mischen, mit Salz und Pul Biber
abschmecken.

Paprika quer aufschneiden und
mit Couscous füllen. Auflaufform mit
2 El Öl einfetten, gefüllte Paprika
hineinsetzen, mit 2 EL Öl beträufeln,
mit Salz und Pul Biber würzen.
Im Ofen bei 180 °C
20 – 25 Min. schmoren.

MEIN ♥ -REZEPT

2 GEFÜLLTE ZUCCHINI MIT BULGUR UND ZIEGENKÄSE

100 g Bulgur / Salz / 1 Zwiebel / 2 Knoblauchzehen /
8 EL Olivenöl / 4 große Zucchini / 50 ml Marsala /
50 g Rosinen / 4 getrocknete Feigen / 30 g Mandeln /
200 g Ziegenkäse / 1 Pr. Zimt / Pul Biber

Bulgur im siedenden Salzwasser zugedeckt 5 Min. quellen lassen. Zwiebel und Knoblauch fein würfeln und in einer großen Pfanne mit 2 EL Öl glasig dünsten. Fruchtfleisch der Zucchini mit einem Löffel aushöhlen, kleinschneiden und in der Pfanne mitgaren. Mit Marsala und 50 ml Wasser ablöschen.

Rosinen, Feigen und Mandeln klein hacken. Ziegenkäse zerbröseln. Alles mit dem Bulgur in der Pfanne vermischen und mit Zimt, Salz und Pul Biber würzen. Auflaufform mit 3 EL Öl einfetten, ausgehöhlte Zucchini hineinlegen, salzen, pfeffern und mit 3 EL Öl beträufeln. Im Ofen bei 180 °C 10 Min. garen. Zucchinihälften mit der Bulgur-Mischung füllen und im Ofen weitere 10–15 Min. überbacken.

3 GEFÜLLTE PAPRIKA MIT LAMM UND JOGHURT-MINZ-DIP

3 Stiele Minze / 3 Stiele Petersilie / 1 Zwiebel / 2 Knoblauchzehen / 5 El Olivenöl / 30 g Rosinen / 30 g Pistazien / 50 ml Portwein / 350 g Lammhackfleisch /
1 TL Kreuzkümmel / 1 Pr. Zimt / 1 Ei / Salz / Pfeffer /
4 rote Paprika / 100 ml Joghurt-Minz-Dip (S. 151)

Minze und Petersilie fein hacken. Zwiebel und Knoblauch fein würfeln und in einer großen Pfanne mit 2 EL Öl glasig dünsten. Rosinen und Pistazien hacken und zufügen, kurz mitgaren. Mit Portwein ablöschen und 2–3 Min. einkochen lassen. Die Zwiebelmischung mit Hackfleisch, Kräutern, Kreuzkümmel, Zimt und Ei in einer Schüssel mischen, salzen und pfeffern.

Paprika längs halbieren, Hackfüllung in die Hälften geben. Auflaufform mit 3 EL Öl einfetten, gefüllte Paprika hineinlegen und im Ofen bei 160 °C 30–35 Min. garen. Mit dem Joghurt-Minz-Dip beträufeln.

4 GEFÜLLTE AUBERGINE MIT HIRSE UND RATATOUILLE

2 Auberginen / Salz / Pfeffer / 4 El Olivenöl / 1 Zwiebel / 1 Knoblauchzehe / 150 g Hirse / 50 ml Weißwein / 200 ml Gemüsebrühe (S. 38) / 1 Zucchini / 1 gelbe Paprika / 1 Strauchtomate / 4 Datteln / 2 Zweige Rosmarin / 100 ml Tomatensugo (S. 144) / 30 g Parmesan

Auberginen längs halbieren, Schnittflächen mit Salz und 2 El Öl einreiben, auf Backblech im Ofen bei 160 °C 25 Min. garen. Zwiebel und Knoblauch fein hacken, in einem Topf mit 2 EL Öl anschwitzen. Hirse zufügen, mit Wein und Brühe ablöschen. Bei milder Hitze ca. 25 Min. quellen lassen.

Zucchini und Paprika klein würfeln und in großer Pfanne mit 2 EL Öl 3–5 Min. dünsten. Fruchtfleisch aus den Auberginen lösen und grob hacken. Tomate und Datteln klein würfeln, Rosmarin fein hacken. Alles mit der Hirse und 50 ml Tomatensugo in die Pfanne geben, mischen, salzen und pfeffern.

Die Auberginen mit dem Hirse-Ratatouille füllen, in eine Form geben, mit 50 ml Tomatensugo beträufeln und Parmesan darüber hobeln. Im Ofen bei 160 °C 25 Min. garen.

5 GEFÜLLTE PAPRIKA MIT SÜSS-KARTOFFELN, PILZEN UND HACK

1 Zwiebel / 2 Knoblauchzehen / 7 EL Olivenöl / 200 g Champignons / 50 ml Marsala / 1 Süßkartoffel / 1 Pr. Zimt / Salz / Pul Biber / ½ Bund Petersilie / 50 g Rosinen / 350 g gemischtes Hackfleisch / 1 Ei / 4 gelbe Paprika / 1 Mozzarella-Kugel / 50 ml Tomatensugo (S. 144)

Zwiebel und Knoblauch hacken, in einer Pfanne mit 2 EL Öl glasig andünsten. Champignons vierteln und 2–3 Min. mitgaren. Mit Marsala ablöschen und in eine große Schüssel geben. Süßkartoffel klein würfeln und in der Pfanne mit 2 EL Öl anbraten, mit Zimt, Salz und Pul Biber würzen. Mit etwas Wasser ablöschen, auf kleiner Flamme ca. 3 Min. garen, in die Schüssel geben. Petersilienblättchen und Rosinen klein hacken, mit Hackfleisch und Ei ebenfalls dazugeben, alles vermischen, salzen und pfeffern.

Paprika längs halbieren und die Füllung in die Hälften geben. Mozzarella in Scheiben schneiden, darauf verteilen. Tomatensugo darüber träufeln. Auflaufform mit 3 EL Öl einfetten, gefüllte Paprika hineinlegen und im Ofen bei 180 °C ca. 30 Min. garen.

OFENGEMÜSE 98

- Buntes Ofengemüse
- Mediterranes Gemüse vom Blech
- Rosmarinkartoffeln mit Fleur de Sel
- Ofenkartoffeln mit Kräuterquark
- Bunte Winterwurzeln mit Kürbis

SCHMORGEMÜSE 100

- Grünes Frühlingsgemüse
- Buntes Möhren-Kohlrabi-Gemüse
- Wirsing in Rieslingsrahm
- Geschmorter Chicorée mit Birne und Nüssen
- Ratatouille

GRATINS & AUFLÄUFE 102

- Kartoffelgratin
- Kartoffel-Spargel-Lachs-Gratin
- Süßkartoffel-Rote Bete-Gratin
- Kartoffel-Brokkoli-Schinken-Auflauf
- Kartoffel-Tomaten-Zucchini-Auflauf

REIBEKUCHEN 104

- Reibekuchen mit Apfelkompott
- Zucchini-Rösti
- Blechrösti mit Möhren und Pastinaken
- Kartoffel-Apfel-Rösti
- Sauerkraut-Reibekuchen mit Lachs und Dillquark

POMMES FRITES 106

- Pommes Frites
- Süßkartoffel-Pommes
- Hokkaido-Wedges mit Zimt
- Kohlrabi-Pommes
- Kartoffel-Wedges mit Paprika

KROKETTEN 108

- Kartoffelkroketten
- Kartoffelplätzchen
- Mandelkroketten
- Herzoginkartoffeln
- Schwedische Kartoffeln

KARTOFFELPÜREE 110

- Kartoffelpüree
- Süßkartoffel-Kürbis-Püree
- Kartoffel-Erbsen-Püree
- Möhren-Kartoffel-Stampf mit Hack
- Kartoffel-Sellerie-Stampf mit Schmorzwiebeln

KARTOFFELPFANNE 112

- Bratkartoffeln
- Bunte Kartoffelpfanne mit Kräuterquark
- Bauern-Gröstl mit Kasseler
- Herzhafter Bauernschmaus
- Mediterrane Kartoffelpfanne mit Feta

REIS 114

- Reis mit Erbsen und Möhren
- Gebratener Reis mit Huhn
- Auberginen-Reispfanne mit Feta
- Marokkanisches Pilaw mit Hack
- Indisches Biryani mit Blumenkohl

KNÖDEL 116

- Kartoffelklöße
- Semmelknödel
- Käseknödel
- Speckknödel
- Spinatknödel

POLENTA 118

- Polenta mit Parmesan
- Polenta mit Mangold und Tomatensalsa
- Gebratene Polentarauten in Rosmarinbutter
- Polentaauflauf mit Bologneser Fleischsauce
- Polenta mit Ziegenkäse und geschmolzenen Kirschtomaten

GNOCCHI 120

- Gnocchi in Salbeibutter
- Kräutergnocchi mit geschmolzenen Tomaten
- Gnocchi mit Trüffel-Pilzen und Ziegenkäse
- Kürbisgnocchi in Orangenbutter
- Walnussgnocchi mit Spinat in Nussbutter

EMPANADAS 122

- Empanadas de Carne
- Empanadas de Choclo
- Empanadas de Atún
- Empanadas de Queso y Cebollas
- Empanadas de Pollo

TORTILLA 124

- Tortilla
- Tortilla mit Paprika und Rosmarin
- Tortilla mit Thunfisch
- Frittata mit Zucchini, Erbsen und Feta
- Süßkartoffel-Tortilla mit Kirschtomaten

QUICHE 126

- Quiche Lorraine
- Möhren-Zucchini-Lauch-Quiche
- Kirschtomaten-Quiche
- Räucherlachs-Quiche
- Spinat-Schafskäse-Quiche

OMELETTE 128

- Kräuter-Omelette
- Tomaten-Omelette mit Speck
- Kartoffel-Kräuter-Omelette
- Omelette mit Kirschtomaten und Ziegenkäse
- Krabben-Omelette

STRAMMER MAX 130

- Strammer Max
- Strammer Veggie
- Strammer Maximiliano
- Stramme Forelle
- Strammer Frühlings-Max

WRAPS & CRESPELLE 132

- Wrap mit Hähnchenbrust und Avocado
- Wrap mit Feldsalat und Pilzen
- Crespella mit Roastbeef und Walnüssen
- Crespella mit Käse und Schinken
- Crespella mit Birne und Ziegenkäse

SANDWICHES 134

- Club-Sandwich
- Thunfisch-Sandwich
- Mediterranes Sandwich
- Spanisches Bocadillo
- Skandinavisches Vollkorn-Sandwich

BROT 136

- Rustikales Baguette
- Walnuss-Rosinen-Brot
- Indisches Naan-Brot
- Burger Buns
- Dinkelvollkornbrot

BEILAGEN & SNACKS

OFENGEMÜSE

BUNTES OFENGEMÜSE

1 Brokkoli / Salz / Pfeffer / 5 Möhren / 1 Kohlrabi / 1 Knollensellerie (ca. 150 g) / 1 große Fenchelknolle / 4 Schalotten / 2 Knoblauchzehen / 4 EL Olivenöl

Brokkoliröschen vom Strunk schneiden und in kochendem Salzwasser ca. 3–5 Min. bissfest garen. Kalt abschrecken, in eine Schüssel geben, salzen und pfeffern. Möhren schräg in Scheiben, Kohlrabi und Sellerie in Stifte schneiden.

Vom Fenchel das Grün abschneiden, Knolle in Spalten schneiden. Schalotten längs vierteln, Knoblauch in grobe Streifen schneiden. Alles (bis auf den Brokkoli) in einer Schüssel mit Öl, Salz und Pfeffer mischen, auf ein Backblech geben und im Ofen bei 200 °C 20–25 Min. weich garen. Nach 15 Min. den Brokkoli zufügen und mitschmoren.

MEDITERRANES GEMÜSE VOM BLECH

2 rote Paprika / 1 gelbe Paprika / 4 Schalotten / 2 Knoblauchzehen / 2 Zweige Rosmarin / 6 EL Olivenöl / Salz / Pfeffer / 2 Zucchini / 1 Aubergine / 12 Kirschtomaten / 4 Zweige Thymian / 2 EL Honig

Paprika und Schalotten vierteln, 1 Knoblauchzehe halbieren. Mit dem Rosmarin auf ein Backblech verteilen. 2 EL Öl, Salz und Pfeffer hinzugeben und alles vermengen. Im Ofen bei 220 °C 15–20 Min. schmoren.

Zucchini und Aubergine mit Schale schräg in ca. 0,5 cm dicke Scheiben schneiden und salzen. 1 Knoblauchzehe halbieren. Erst Zucchini und Knoblauch bei starker Hitze mit 3 EL Öl in einer großen Pfanne ca. 3 Min. braten, dann die Aubergine goldbraun anbraten. Alles mit den Tomaten und dem Thymian zu den Paprika aufs Blech geben. Salzen, pfeffern, mit Honig beträufeln und 3–4 Min. fertig schmoren.

MEIN ♥-REZEPT

ROSMARINKARTOFFELN MIT FLEUR DE SEL

700 g kleine festkochende Kartoffeln (z. B. Drillinge, Princess, Nicola) / 2 Knoblauchzehen / Fleur de Sel / 8 EL Olivenöl / 2 Zweige Rosmarin

Kartoffeln und Knoblauchzehen halbieren und auf einem Backblech verteilen. Salzen und mit dem Öl beträufeln. Rosmarinzweige hinzugeben. Alles gut vermengen und im Ofen bei 220 °C 20 – 25 Min. goldbraun garen.

OFENKARTOFFELN MIT KRÄUTERQUARK

4 große mehlig kochende Kartoffeln / 4 EL Öl / Meersalz / 4 Portionen Kräuterquark (S. 151)

Kartoffeln mit Schale mit Öl bepinseln und salzen. Einzeln in Alufolie wickeln, auf ein Backblech legen und im Ofen bei 170 °C ca. 1,5 Std. garen. Danach aus dem Ofen nehmen, aus der Folie wickeln und über Kreuz einschneiden. So an den Seiten drücken, dass sie sich etwas öffnen.

Kräuterquark auf die Ofenkartoffeln klecksen.

BUNTE WINTERWURZELN MIT KÜRBIS

2 Rote Bete Knollen / ½ Bio-Zitrone / 4 EL Olivenöl / 1 kleiner Hokkaido / 3 Möhren / 2 Pastinaken / 2 Knoblauchzehen / Salz / Pfeffer

Rote Beten in mundgerechte Stücke schneiden. Von der Zitrone 2 Streifen Schale abschälen. Beides auf einem Backblech verteilen, mit 2 EL Öl beträufeln und im Ofen bei 200 °C 10 Min. backen.

Das übrige Gemüse in Spalten schneiden, mit Knoblauch, 2 EL Öl, Salz und Pfeffer mischen und im Ofen 20 Min. mitschmoren.

SCHMORGEMÜSE

BUNTES MÖHREN-KOHLRABI-GEMÜSE

1 kleiner Blumenkohl / Salz / 2 Kohlrabi / 5 Möhren / 1 Stange Lauch / 2 Schalotten / 1 EL Butter / 1 EL Rohrohrzucker / 3 EL Wermut / 2 EL Aceto Balsamico / 2 EL Sojasauce / Pfeffer / 6 Stiele Petersilie

Blumenkohl in kleine Röschen teilen und in Salzwasser in 3–5 Min. bissfest blanchieren, abgießen und 200 ml Kochwasser auffangen. Kohlrabi und Möhren in kleine Stücke, Lauch in Ringe und Schalotten in dünne Scheiben schneiden. Butter in einer großen Pfanne erhitzen und das Gemüse darin 4 Min. dünsten. Mit Zucker karamellisieren, mit Wermut und Essig ablöschen und einköcheln lassen.

Blumenkohlwasser zugießen und das Gemüse 6–8 Min. fertig garen. Kurz vor Ende der Garzeit den Blumenkohl zufügen. Alles mit Sojasauce, Salz und Pfeffer abschmecken. Petersilienblättchen hacken und untermischen.

GRÜNES FRÜHLINGSGEMÜSE

1 Brokkoli / 1 Bund grüner Spargel / 200 g TK-Erbsen / Salz / 4 Frühlingszwiebeln / 4 Schalotten / 80 g Butter / 200 g Zuckerschoten / 2 TL Zucker / Pfeffer / ½ Orange / 6 Stiele Kerbel

Brokkoli in kleine Röschen teilen, Strunk großzügig schälen und in kleine Stücke schneiden. Spargel schräg in 4 Stücke schneiden und mit den Erbsen in einem Topf mit Salzwasser 3–5 Min. bissfest blanchieren, darüber in einem Dämpfeinsatz die Stücke vom Brokkolistrunk dünsten. 100 ml Kochwasser auffangen.

Frühlingszwiebeln schräg in ca. 3 cm lange Stücke schneiden. Schalotten fein würfeln. Beides mit dem Spargel und Brokkoli in einer großen Pfanne mit 30 g Butter bei starker Hitze anbraten. Erbsen und Zuckerschoten zugeben und 2 Min. mitgaren. Zucker, Salz und Pfeffer darüber streuen, mit dem Kochwasser aufgießen und 5 Min. einkochen lassen. 50 g Butter einrühren, Orange darüber auspressen. Kerbelblättchen fein hacken und darüber streuen.

WIRSING IN RIESLINGSRAHM

1 kleiner Wirsing / Salz /
1 EL Natron / 3 Schalotten /
1 Knoblauchzehe / 1 EL Butter / 100 ml Riesling /
200 g Sahne / 4 EL Rapsöl / Pfeffer / 4 EL Cranberries /
½ Zitrone / 1 TL Muskat

Wirsingblätter im Salzwasser mit Natron ca. 3 Min. bissfest blanchieren. Eine Tasse vom Kochwasser zurückbehalten.

Schalotten und Knoblauch fein würfeln und in einem Topf mit Butter glasig dünsten, mit Weißwein ablöschen und einköcheln lassen. Sahne und das Kochwasser zugießen.

Den Wirsing portionsweise in einer großen Pfanne mit Öl anbraten, pfeffern und mit dem Rieslingsrahm ablöschen. Cranberries grob hacken und unterrühren. Zitrone darüber auspressen. Mit Muskat, Salz und Pfeffer würzen.

GESCHMORTER CHICORÉE MIT BIRNE UND NÜSSEN

4 Chicorée / 6 EL Olivenöl / 1 Birne / 2 EL Rohrohrzucker /
1 Orange / 3 EL Walnüsse / 40 g Parmesan

Chicorée längs vierteln und in einer großen Pfanne mit 5 EL Öl stark anbraten. Birne längs in feine Spalten schneiden, zufügen und 2–3 Min. bei mittlerer Hitze mitdünsten. Mit Zucker karamellisieren. Orange darüber auspressen und zugedeckt auf kleiner Flamme schmoren, bis der Chicorée weich ist.

Nüsse hacken, in einer Pfanne rösten und untermischen. Den Chicorée salzen, pfeffern und mit 1 EL Öl beträufeln. Parmesan grob darüber hobeln.

MEIN ♥-REZEPT

RATATOUILLE

1 Aubergine / 2 Zucchini / Salz / 1 Zwiebel /
2 Knoblauchzehen / 6 EL Olivenöl / 2 Stangen Staudensellerie / 1 rote Paprika / 1 gelbe Paprika / 4 Fleischtomaten / 1 Zweig Rosmarin / 4 Zweige Thymian / 4 Stiele Petersilie /
1 EL Zucker / 6 EL Rotwein / Pfeffer

Gemüse in mundgerechte Würfel schneiden. Die Auberginen- und Zucchiniwürfel getrennt einsalzen und mind. 15 Min. ziehen lassen. Danach mit Küchenpapier abtupfen. Zwiebel und Knoblauch hacken. Tomaten schälen und in Stücke schneiden. Die Kräuter fein hacken.

2 EL Öl in einer großen Pfanne erhitzen. Zwiebeln, Knoblauch, Sellerie und Paprika darin ca. 5 Min. unter Rühren anbraten, Tomaten und Kräuter zugeben, weitere 5 Min. schmoren und mit Zucker karamellisieren.

In einer anderen Pfanne die Auberginen- und Zucchiniwürfel nacheinander in je 2 EL Öl anbraten. Unter das Paprika-Sellerie-Gemüse mischen. Alles mit Rotwein ablöschen, mit Salz und Pfeffer würzen. Ratatouille ca. 20 Min. zugedeckt bei kleiner Hitze schmoren.

GRATINS & AUFLÄUFE

MEIN ♥-REZEPT

1 KARTOFFELGRATIN

250 ml Milch / 250 g Sahne / 1 TL Muskat / Salz / Pfeffer /
4 Zweige Thymian / 800 g festkochende Kartoffeln /
100 g geriebener Emmentaler / 2 EL Butter

Milch und Sahne in einem Topf bei mittlerer Hitze auf ⅔ der
Flüssigkeit einkochen, gelegentlich umrühren. Mit Muskat,
Salz und Pfeffer würzen. Thymianblättchen untermischen.
Kartoffeln in dünne Scheiben schneiden.

Auflaufform mit Butter einfetten. Kartoffeln darin schichten
und mit Sahnemischung übergießen. Käse darüber reiben und
Butterflöckchen darauf verteilen. Gratin im Ofen bei 180 °C
30–35 Min. goldbraun backen.

3 SÜSSKARTOFFEL-ROTE BETE-GRATIN

2 Zweige Rosmarin / 4 Stiele Thymian / 150 ml Milch /
250 g Sahne / 1 TL edelsüßes Paprikapulver / Salz / Pfeffer /
2 EL Olivenöl / 2 Süßkartoffeln / 2 Rote Beten / 4 Tomaten /
100 g Pecorino

Rosmarin und Thymian fein hacken, mit Milch und Sahne mischen und mit Paprikapulver, Salz und Pfeffer abschmecken.

Auflaufform mit Öl einfetten. Kartoffeln, Rote Beten und
Tomaten in Scheiben schneiden und dachziegelartig darin
schichten. Sahne-Kräuter-Sauce über das Gratin gießen und
im Ofen bei 180 °C 30 Min. garen. Käse darüber reiben und
15–20 Min. fertig backen.

5 KARTOFFEL-TOMATEN-ZUCCHINI-AUFLAUF

200 g Parmesan / 6 Stiele Petersilie / 6 EL Olivenöl /
800 g festkochende Kartoffeln / 3 Zucchini / 6 Tomaten /
Salz / Pfeffer / 125 ml Weißwein / 2 EL Butter

Parmesan reiben. Petersilie hacken. Auflaufform mit Öl einfetten. Kartoffeln, Zucchini und Tomaten in dünne Scheiben
schneiden und in mehreren Lagen in der Form schichten. Jede
Lage salzen, pfeffern, mit Petersilie und Parmesan bestreuen
und mit Wein und Öl beträufeln.

Auflauf mit Parmesan und Butterflöckchen belegen und im
Ofen bei 175 °C ca. 45 Min. garen.

2 KARTOFFEL-SPARGEL-LACHS-GRATIN

800 g festkochende Kartoffeln / 1 Bund weißer
Spargel / Salz / ½ Zitrone / 200 g Crème fraîche /
200 g Sahne / 1 EL Tafel-Meerrettich / Pfeffer /
½ Bund glatte Petersilie / ½ Bund Dill / 3 EL Butter /
750 g Lachsfilet / 40 g Semmelbrösel

Kartoffeln ungeschält in Salzwasser 20–25 Min. kochen,
pellen und abkühlen lassen. Spargel in mundgerechte
Stücke schneiden und in kochendem Salzwasser
3–4 Min. bissfest blanchieren. Zitrone auspressen, Saft
mit Crème fraîche, Sahne und Meerrettich verrühren
und mit Salz und Pfeffer würzen. Petersilie und Dill fein
hacken und unterrühren.

Auflaufform mit Butter einfetten. Lachs und Kartoffeln in dicke Scheiben schneiden und mit dem Spargel
in der Form schichten. Die Sahnecreme darüber gießen.
Butter in einer Pfanne zerlassen, die Brösel darin goldbraun anrösten und über das Gratin geben. Im Ofen bei
180 °C ca. 25 Min. goldbraun backen.

4 KARTOFFEL-BROKKOLI-SCHINKEN-AUFLAUF

750 g festkochende Kartoffeln / Salz / 2 Knoblauchzehen / 2 EL Butter / 30 g Mehl / 600 ml Milch /
2 Lorbeerblätter / 1 TL Muskat / Pfeffer / 100 g gekochter Schinken / 1 Brokkoli / 150 g geriebener
Gouda / 2 EL Mandelblättchen

Kartoffeln ungeschält in Salzwasser 20–25 Min. kochen,
pellen und abkühlen lassen. Knoblauch fein hacken, in
einer Pfanne mit Butter andünsten, Mehl zugeben und
unter Rühren anschwitzen. Mit Milch ablöschen, aufkochen, Lorbeer zugeben und die Sauce 10 Min. bei
mittlerer Hitze unter Rühren köcheln lassen. Lorbeer
entfernen, mit Muskat, Salz und Pfeffer abschmecken.

Auflaufform buttern. Kartoffeln in ca. 0,5 cm dicke
Scheiben, Schinken in Streifen schneiden. Röschen vom
Brokkoli schneiden, den Strunk großzügig schälen und
würfeln. Alles mit Gouda und der Béchamelsauce in die
Form geben, mischen und mit Mandelblättchen bestreu-
en. Im Ofen bei 180 °C 40–45 Min. goldbraun backen.

REIBEKUCHEN

 REIBEKUCHEN MIT APFELKOMPOTT

1,5 kg vorwiegend festkochende Kartoffeln / 1 Zwiebel / 3 Eier / 3 EL Mehl / 1 TL Muskat / Salz / Pfeffer / 200 ml Sonnenblumenöl / 1 Apfelkompott (S. 176)

Kartoffeln reiben, in ein Küchentuch geben und sanft auswringen. Zwiebel fein hacken und mit den Kartoffelraspeln, Eiern, Mehl, Muskat, Salz und Pfeffer in einer Schüssel vermengen.

Öl in einer großen Pfanne erhitzen. Kartoffelmasse zu Talern formen und darin bei mittlerer Hitze 8–10 Min. ausbacken. Auf Küchenpapier abtropfen lassen und mit Apfelkompott anrichten.

 BLECHRÖSTI MIT MÖHREN UND PASTINAKEN

600 g Pastinaken / 600 g Möhren / 1 Zwiebel / 100 g Bergkäse / ½ Bund Schnittlauch / 6 EL Olivenöl / 1 TL Muskat / Salz / Pfeffer

Pastinaken, Möhren und Zwiebel raspeln, Bergkäse reiben. Schnittlauch in feine Röllchen schneiden. Alles mit dem Öl mischen und mit Muskat, Salz und Pfeffer würzen.

Röstimasse zu Talern formen, auf zwei mit Backpapier ausgelegten Blechen verteilen und im Ofen bei 180 °C 30 Min. goldbraun backen. Nach 15 Min. die Rösti wenden.

 ZUCCHINI-RÖSTI

700 g Zucchini / Salz / 300 g vorwiegend festkochende Kartoffeln / 4 Frühlingszwiebeln / 3 Eier / 3 EL Vollkornmehl / 6 Zweige Thymian / 100 g Feta / 1 Knoblauchzehe / Pfeffer / 200 g Rapsöl

Zucchini grob raspeln, mit 1 TL Salz vermengen und ca. 20 Min. ziehen lassen. Kartoffeln ebenfalls grob raspeln. Beides in ein Küchentuch geben, sanft auswringen, Frühlingszwiebeln in feine Ringe schneiden und mit Eiern, Mehl und Thymianblättchen in einer Schüssel vermengen. Feta hineinbröseln, Knoblauch pressen und hinzugeben und mit Salz und Pfeffer abschmecken.

Öl in einer großen Pfanne erhitzen. Kartoffel-Zucchini-Masse zu Talern formen und darin bei mittlerer Hitze 8–10 Min. ausbacken. Auf Küchenpapier abtropfen lassen.

 KARTOFFEL-APFEL-RÖSTI

1 Zwiebel / 1 kg vorwiegend festkochende Kartoffeln / 3 Äpfel / 2 Eier / 4 EL Mehl / Salz / Pfeffer / 200 ml Sonnenblumenöl / 2 Zweige Thymian / 3 EL Rohrrohrzucker

Zwiebel klein hacken. Kartoffeln und 2 Äpfel reiben, in ein Küchentuch geben, sanft auswringen und mit Eiern, Zwiebeln, Mehl, Salz und Pfeffer in einer Schüssel vermengen.

Öl in einer großen Pfanne erhitzen. Kartoffel-Apfel-Masse zu Talern formen und darin bei mittlerer Hitze 8–10 Min. ausbacken. Auf Küchenpapier abtropfen lassen.

1 Apfel mit Schale in Spalten schneiden, mit Thymianblättchen von den Zweigen zupfen. Beides in der Pfanne 3–5 Min. anbraten und mit Zucker karamellisieren. Thymianäpfel auf den Reibekuchen anrichten.

MEIN ♥-REZEPT

5 SAUERKRAUT-REIBEKUCHEN MIT LACHS UND DILLQUARK

1 Knoblauchzehe / 4 Eier / 500 g vorwiegend festkochende Kartoffeln / 100 g gekochtes Sauerkraut /
2 EL Crème fraîche / 4 EL Mehl / 1 TL Muskat / Salz / Pfeffer / 200 g Butterschmalz / 250 g Quark /
100 g Sauerrahm / 1 EL Meerrettich / 1 EL Senf / 1 TL Honig / ½ Bund Dill / 200 g Räucherlachs

Knoblauch fein hacken. Eier trennen. Kartoffeln reiben, Sauerkraut abtropfen lassen und grob zerkleinern. Beides
in ein Küchentuch geben, sanft auswringen und mit Eigelb, Crème fraîche, Knoblauch, Mehl, Muskat, Salz und
Pfeffer in einer Schüssel vermengen.

   Schmalz in einer großen Pfanne erhitzen. Kartoffel-Kraut-Masse zu Talern formen und darin bei mittlerer
Hitze 8–10 Min. ausbacken. Auf Küchenpapier abtropfen lassen.

   Quark, Sauerrahm, Meerrettich, Senf und Honig verrühren, mit Salz und Pfeffer abschmecken. Dillblättchen
fein hacken und untermischen. Die Reibekuchen mit Räucherlachs und dem Dillquark anrichten.

POMMES FRITES

POMMES FRITES

1 kg vorwiegend festkochende Kartoffeln / 4 EL Olivenöl / Meersalz

Kartoffeln in 5 cm lange und 1,5 cm breite Stäbchen schneiden und 1 Std. in kaltem Wasser einlegen. Aus dem Wasser nehmen, abtropfen lassen und mit Küchenpapier abtupfen. In einer Schüssel mit Öl vermengen und auf einem mit Backpapier ausgelegtem Backblech verteilen. Im Ofen bei 200 °C 30–35 Min. backen, nach 15 Min. mit dem Pfannenwender durchmischen. Mit Salz würzen.

SÜSSKARTOFFEL-POMMES

2 große Süßkartoffeln / 2 EL Speisestärke / 4 EL Olivenöl / 1 EL Honig / Fleur de Sel / 3 Zweige Thymian / Cayennepfeffer

Kartoffeln in 5 cm lange und 1 cm breite Stäbchen schneiden und 1 Std. in kaltem Wasser einlegen. Aus dem Wasser nehmen, abtropfen lassen und mit Küchenpapier abtupfen. Mit der Stärke in einen Gefrierbeutel geben und kräftig schütteln.

Öl und Honig in einer Schüssel verrühren, Süßkartoffeln damit vermischen. Pommes auf ein mit Backpapier ausgelegtes Backblech geben und im Ofen bei 200 °C 15–20 Min. backen. Salzen und nach Geschmack mit Thymianblättchen und Cayennepfeffer würzen.

MEIN ♥-REZEPT

HOKKAIDO-WEDGES MIT ZIMT

1 Hokkaido / 4 EL Olivenöl / Fleur de Sel / Pul Biber / 2 Knoblauchzehen / 1 Zimtstange / 1 Zweig Rosmarin

Kürbis in fingerdicke Spalten schneiden. 2 EL Öl auf einem Backblech
verteilen, die Kürbisstücke darauf legen. Mit Salz und Pul Biber würzen. Knoblauchzehen halbieren, Zimtstange durchbrechen. Beides mit
den Rosmarinzweigen auf dem Kürbis verteilen, mit 2 EL Öl beträufeln
und alles mit den Händen durchmischen.

Kürbisspalten im Ofen bei 200 °C 15–18 Min. backen. Nach der
Hälfte der Backzeit mit dem Pfannenwender durchmischen.

KARTOFFEL-WEDGES MIT PAPRIKA

1 kg vorwiegend festkochende Kartoffeln /
4 EL Olivenöl / Fleur de Sel / 1 TL edelsüßes
Paprikapulver

Kartoffeln mit Schale gut waschen und in längliche
Spalten schneiden. In einer Schüssel Öl, Salz und
Paprikapulver mischen. Kartoffel-
spalten darin wenden und
auf einem mit Backpapier
ausgelegtem Backblech
verteilen.

Im Ofen bei
200 °C 30–35 Min.
backen. Nach
15 Min. mit dem
Pfannenwender
durchmischen.

KOHLRABI-POMMES

100 g Parmesan / 4 EL Olivenöl / 100 g blanchierte
gemahlene Mandeln / Salz / Pfeffer / 1 kg Kohlrabi

Parmesan in eine große Schüssel reiben und mit Öl
und gemahlenen Mandeln verrühren. Salzen und
pfeffern. Kohlrabi in 5 cm lange und 1,5 cm breite
Stäbchen schneiden, in die Schüssel geben und
darin schwenken.

Die panierten Kohlrabi-Pommes auf einem mit
Backpapier ausgelegten Backblech auslegen und im
Ofen bei 200 °C 25–30 Min. goldbraun
backen, nach der Hälfte der Backzeit mit dem Pfannenwender
durchmischen.

KROKETTEN

MEIN ♥-REZEPT

1 KARTOFFELKROKETTEN

600 g mehlig kochende Kartoffeln / Salz / 2 Eier /
20 g Kartoffelstärke / 20 g Butter / 1 TL Muskat / Pfeffer /
100 g Semmelbrösel / 2 l Sonnenblumenöl

Kartoffeln mit Schale in Salzwasser ca. 20 Min. kochen,
pellen und noch heiß durch eine Kartoffelpresse drücken.
Auskühlen lassen. Eier trennen. Eigelb mit Kartoffelstärke
und Butter unter die Kartoffelmasse rühren, mit Muskat,
Salz und Pfeffer würzen.

Kartoffelmasse portionsweise in einen Spritzbeutel mit
großer Lochtülle geben und in langen Streifen auf die leicht
bemehlte Arbeitsfläche spritzen. Streifen in ca. 6 cm lange
Kroketten schneiden. Je ein Schälchen mit Eiweiß und
Semmelbröseln füllen. Die Kroketten nacheinander darin
wälzen und in einem Topf mit heißem Öl portionsweise
goldbraun backen. Auf Küchenpapier abtropfen lassen.

4 HERZOGINKARTOFFELN

600 g mehlig kochende Kartoffeln / Salz / 3 Eier /
2 EL Butter / Muskat / Pfeffer

Kartoffeln mit Schale in Salzwasser ca. 20 Min. kochen,
pellen und noch heiß durch eine Kartoffelpresse drücken. Auskühlen lassen. Eier trennen. 2 Eigelbe mit
der Kartoffelmasse und der Butter verrühren und mit
Muskat, Salz und Pfeffer würzen.

Die Kartoffelmasse in einen Spritzbeutel mit großer
Lochtülle füllen und auf ein mit Backpapier ausgelegtes
Backblech kleine Rosetten spritzen. 1 Eigelb mit 2 EL
Wasser verrühren und die Rosetten vorsichtig damit
bestreichen. Die Herzoginkartoffeln im Ofen bei 175 °C
10–12 Min. goldbraun backen.

2 KARTOFFELPLÄTZCHEN

1 Ei / 8 Stiele Petersilie / 600 g vorwiegend festkochende
Kartoffeln / Salz / 20 g Mehl / Muskat / 4 EL Rapsöl

Ei trennen, Petersilienblätter hacken. Kartoffeln mit Schale
in Salzwasser ca. 20 Min. kochen, pellen und auskühlen
lassen. Grob reiben und mit Eigelb, Mehl, Petersilie, Muskat
und Salz verkneten. Aus der Masse runde Taler formen.

Öl in einer großen beschichteten Pfanne erhitzen. Die
Plätzchen darin von jeder Seite bei mittlerer Hitze 3–4 Min.
goldbraun braten. Auf Küchenpapier abtropfen lassen.

3 MANDELKROKETTEN

600 g mehlig kochende Kartoffeln / Salz / 3 Eier /
20 g Kartoffelstärke / 20 g Butter / 1 TL Muskat / Pfeffer / 2 EL Milch / 60 g Semmelbrösel / 100 g Mandelblättchen / 2 l Sonnenblumenöl

Kartoffelmasse wie bei den Kartoffelkroketten zubereiten
und zu walnussgroßen Bällchen formen.

In einem Schälchen 1 Ei und die Milch, in einem anderen Schälchen Semmelbrösel und Mandelblättchen vermischen. Die Kroketten nacheinander darin wälzen und in
einem Topf mit heißem Öl portionsweise goldbraun backen.
Auf Küchenpapier abtropfen lassen.

5 SCHWEDISCHE KARTOFFELN

8 vorwiegend festkochende Kartoffeln / 80 g Butter /
Salz / 3 EL gemahlene Mandeln / Fleur de Sel / Pfeffer

Kartoffeln bis knapp an den Boden wie einen Fächer dicht
an dicht einschneiden. Auflaufform mit Butter einfetten
und die Kartoffeln hineinsetzen, dabei etwas auseinander-
fächern. Mit den Mandeln, Fleur de Sel und Pfeffer bestreu-
en und Butter in Flöckchen darauf setzen. Im Ofen bei
220 °C ca. 40 Min. goldbraun backen.

KARTOFFELPÜREE

KARTOFFELPÜREE

800 g mehlig kochende Kartoffeln / Salz / 150 ml Milch / 2 EL Butter / 1 TL Muskat / Pfeffer

Kartoffeln in grobe Stücke schneiden, in reichlich Salzwasser 20 Min. garen. Mit dem Kartoffelstampfer fein zerdrücken. Milch erwärmen und mit der Butter unter die Kartoffeln rühren. Mit Muskat, Salz und Pfeffer würzen.

SÜSSKARTOFFEL–KÜRBIS–PÜREE

1 Süßkartoffel / ½ Hokkaido / 20 g Ingwer / 1 Knoblauchzehe / 3 EL Olivenöl / 1 Orange / 1 Pr. Zimt / Salz / Pfeffer / 2 EL Butter

Kartoffel und Hokkaido in große, Ingwer und Knoblauch in kleine Stücke schneiden. Alles in einem großen Topf mit Öl unter Rühren 2–3 Min. anbraten.

Orange darüber auspressen und mit Zimt, Salz und Pfeffer würzen. Bei schwacher Hitze im geschlossenen Topf 10–15 Min. schmoren, gelegentlich umrühren. Alles mit einem Stampfer zerdrücken und die Butter einrühren.

KARTOFFEL–ERBSEN–PÜREE

800 g mehlig kochende Kartoffeln / Salz / 400 g TK-Erbsen / 2 EL Butter / 1 TL Muskat / Pfeffer

Kartoffeln in grobe Stücke schneiden, in reichlich Salzwasser 20 Min. garen. 10 Min. vor Ende der Garzeit Erbsen dazugeben. Das Gemüse mit dem Kartoffelstampfer grob zerdrücken. Butter untermengen und mit Muskat, Salz und Pfeffer abschmecken.

MÖHREN-KARTOFFEL-STAMPF MIT HACK

500 g mehlig kochende Kartoffeln / 300 g Möhren / Salz / 2 EL Pecorino / 2 EL Butter / 1 TL Muskat / Pfeffer / 2 Zwiebeln / 1 Knoblauchzehe / 100 g durchwachsener Speck / 6 EL Olivenöl / 500 g Rinderhackfleisch / ½ Bio-Zitrone / ½ Bund frische Petersilie / 1 EL Pinienkerne

Kartoffeln und Möhren in grobe Stücke schneiden, in reichlich Salzwasser 20 Min. garen und mit einem Stampfer zerdrücken. Pecorino darüber reiben, mit Butter unterrühren und mit Muskat, Salz und Pfeffer würzen.

Zwiebeln und Knoblauch fein hacken, Speck in kleine Würfel schneiden. Alles in einer großen Pfanne mit 2 EL Öl 4 Min. anbraten. Aus der Pfanne nehmen und beiseite stellen.

Hackfleisch in der Pfanne mit 4 EL Öl unter Rühren 5 Min. anbraten. Zitronenschale abreiben, Petersilie hacken. Beides mit den Pinienkernen in die Pfanne geben, umrühren und 2 Min. fertig braten. Mit Salz und Pfeffer würzen. Hackfleisch und die Zwiebel-Speck-Mischung locker unter den Stampf mischen.

KARTOFFEL-SELLERIE-STAMPF MIT SCHMORZWIEBELN

300 g mehlig kochende Kartoffeln / 500 g Knollensellerie / Salz / 4 EL Butter / 1 TL Muskat / Pfeffer / 1 säuerlicher Apfel / 2 Zwiebeln / 2 EL Olivenöl / 1 Pr. Rohrohrzucker

Kartoffeln und Sellerie in grobe Stücke schneiden, in reichlich Salzwasser 20 Min. garen. Das Gemüse mit dem Kartoffelstampfer grob zerdrücken. 2 EL Butter untermengen und mit Muskat, Salz und Pfeffer würzen.

Apfel in ca. 0,5 cm breite Würfel schneiden, in einer Pfanne mit 1 EL Butter bei mittlerer Hitze 2 – 3 Min. dünsten und beiseite legen. Zwiebeln in feine Streifen schneiden, in der Pfanne mit Öl andünsten und mit Zucker karamellisieren. Gemüse grob stampfen, Apfelwürfel mit 1 EL Butter unterheben. Den Stampf mit den karamellisierten Zwiebeln anrichten.

MEIN ♥-REZEPT

KARTOFFELPFANNE

BUNTE KARTOFFELPFANNE MIT KRÄUTERQUARK

2

150 g durchwachsener Speck / 3 EL Rapsöl / 400 g vorwiegend festkochende Kartoffeln / 400 g Süßkartoffeln / 4 Frühlingszwiebeln / 1 Strauchtomate / Salz / Pfeffer / 8 EL Kräuterquark (S. 151)

Speck klein würfeln, in einer großen beschichteten Pfanne mit 1 EL Öl knusprig braten und beiseitelegen. Kartoffeln und Süßkartoffeln in ca. 1 cm große Würfel schneiden und mit 2 EL Öl in die Pfanne geben. Die Kartoffeln bei mittlerer Hitze ca. 10 Min. braten, dabei mehrmals vorsichtig wenden.

Zwiebeln schräg in Ringe schneiden und unter Wenden 2 Min. mitbraten. Tomate klein schneiden, hinzufügen und durchschwenken. Die Kartoffelpfanne salzen, pfeffern und den Kräuterquark dazu anrichten.

BRATKARTOFFELN

1

800 g vorwiegend festkochende Kartoffeln / 3 EL Butterschmalz / 2 Zwiebeln / Salz / Pfeffer / ½ Bund Petersilie

Kartoffeln mit Schale im Salzwasser 20 Min. kochen, pellen und abkühlen lassen. In Scheiben schneiden und in einer großen beschichteten Pfanne mit Schmalz bei mittlerer Hitze ca. 15 Min. braten, dabei mehrmals vorsichtig wenden. Zwiebeln würfeln und nach der Hälfte der Bratzeit hinzufügen und mitbraten. Salzen und pfeffern. Petersilienblätter fein hacken und unter die Kartoffeln mischen.

BAUERN-GRÖSTL MIT KASSELER

3

800 g vorwiegend festkochende Kartoffeln / 2 TL Kümmel / 2 Lorbeerblätter / 3 EL Butterschmalz / 2 Zwiebeln / 250 g Kasseler / 8 Radieschen / Salz / Pfeffer / 5 Stiele Majoran / 1 kleines Stück Meerrettichknolle

Kartoffeln mit Schale, Kümmel und Lorbeer im Salzwasser 20 Min. kochen, pellen und abkühlen lassen. In 1,5 cm dicke Stücke schneiden und in einer großen beschichteten Pfanne mit Schmalz bei mittlerer Hitze ca. 10 Min. braten, dabei mehrmals vorsichtig wenden.

Zwiebeln in Streifen, Kasseler in 1 cm breite Streifen schneiden. Beides in die Pfanne geben und weitere 5–10 Min. braten. Lorbeer entfernen. Radieschen in feine Scheiben schneiden und untermischen. Mit Salz, Pfeffer und Majoranblättern würzen. Meerrettich darüber reiben.

5   MEDITERRANE KARTOFFELPFANNE MIT FETA

1 rote Zwiebel / 2 Rote Beten / 4 EL Olivenöl / ½ Apfel / 1 kleiner Radicchio / 1 EL Rohrohrzucker / 40 g Walnusskerne / 200 g Feta / 800 g Rosmarinkartoffeln (S. 99) / Salz / Pfeffer

Zwiebel in feine Streifen, Rote Beten in Scheiben schneiden. Beides in einer großen Pfanne mit Öl 2–3 Min. anbraten. Apfel in dünne Spalten schneiden, Radicchio grob hacken. Ebenfalls in die Pfanne geben, mitbraten und mit Zucker karamellisieren.

Nüsse rösten, Feta würfeln. Beides mit den Rosmarinkartoffeln hinzugeben und mischen. Mit Salz und Pfeffer abschmecken.

4   HERZHAFTER BAUERNSCHMAUS

800 g vorwiegend festkochende Kartoffeln / 4 EL Rapsöl / 2 Zwiebeln / 1 rote Paprika / 150 g Bauernschinken / 4 Eier / Salz / Pfeffer / ½ Bund Schnittlauch

Kartoffeln mit Schale im Salzwasser 20 Min. kochen, pellen und abkühlen lassen. In Scheiben schneiden und in einer großen beschichteten Pfanne mit Öl bei mittlerer Hitze ca. 10 Min. braten, dabei mehrmals vorsichtig wenden.

Zwiebeln würfeln. Paprika und Schinken in feine Streifen schneiden. Alles zu den Kartoffeln geben und 3–4 Min. mitbraten. Die Eier in die Pfanne schlagen und unter vorsichtigem Wenden stocken lassen. Kräftig salzen und pfeffern. Schnittlauch in feine Röllchen schneiden und den Bauernschmaus damit bestreuen.

MEIN ♥ -REZEPT

REIS

REIS MIT ERBSEN UND MÖHREN

2 Schalotten / 2 EL Olivenöl /
250 g Langkornreis / 1 l Gemüsebrühe (S. 38) / 3 Möhren /
100 g TK-Erbsen / 2 EL Butter /
4 Stiele Kerbel / Salz / Pfeffer

Schalotten fein hacken und in
einem Topf mit Öl 2 Min. glasig
dünsten. Reis zugeben und 2 Min.
mitdünsten. Mit der Brühe ablöschen, aufkochen und zugedeckt
bei milder Hitze 25–30 Min. garen.

Möhren klein schneiden und
nach 15 Min. zum Reis geben und
mitgaren. Kurz vor Ende der Garzeit die Erbsen mit der Butter unter
den Reis mischen. Kerbelblättchen
fein hacken und untermischen.
Reispfanne mit Salz und Pfeffer
würzen.

GEBRATENER REIS MIT HUHN

300 g Basmatireis / 200 g Hähnchenbrustfilet / 5 EL Sesamöl / 2 TL Currypulver / Salz / 3 Möhren / 1 Zucchini /
4 Frühlingszwiebeln / 40 g Ingwer /
1 rote Chilischote / 1 Zwiebel /
1 Knoblauchzehe / 200 g TK-Erbsen /
½ Limette / 2 EL Sojasauce

Reis nach Packungsanweisung im Salzwasser kochen. Hähnchen in mundgerechte Stücke schneiden, mit 2 EL Öl,
Curry und Salz marinieren. Möhren und
Zucchini in feine Scheiben, Frühlingszwiebeln in feine Ringe schneiden.

Hähnchen in einer Pfanne mit 1 EL
Öl 4–5 Min. anbraten, herausnehmen.
Ingwer, Chili, Zwiebel und Knoblauch
fein hacken und mit 2 EL Öl in der
Pfanne anbraten. Der Reihe nach hin-
zugeben und braten: Möhren (3 Min.),
Zucchini und Frühlingszwiebeln
(2 Min.), Reis (4–5 Min.). Hähnchen und
Erbsen untermischen, kurz erwärmen.
Limette auspressen. Mit dem Saft und
der Sojasauce den Reis abschmecken.

AUBERGINEN-REISPFANNE MIT FETA

1 Aubergine / Salz / 250 g Langkornreis / 5 EL Olivenöl / 2 Zwiebeln /
1 Knoblauchzehe / 1 Dose Kichererbsen (ca. 250 g) / 1 Zitrone /
2 TL Harissa / 200 g Feta / 3 Stiele
Koriander / 3 Stiele Minze / Pfeffer

Aubergine in 1 cm große Würfel
schneiden, salzen und beiseitelegen.
Reis nach Packungsanweisung im
Salzwasser kochen. Auberginenwürfel
mit Wasser abbrausen, abtropfen
lassen und in einer Pfanne mit 3 EL Öl
bei mittlerer Hitze 3 Min. anbraten.

Zwiebeln und Knoblauch fein
hacken und mit den Kichererbsen
dazugeben, 3 Min. braten. Zitrone auspressen, Saft mit 2 EL Öl und Harissa
verrühren und die Paste mit dem Reis
in die Pfanne geben, 2–3 Min. braten.
Feta zerbröseln, Koriander- und Minzblättchen grob hacken. Alles locker
unter den Reis mengen und mit
Salz und Pfeffer
abschmecken.

MAROKKANISCHES PILAW MIT HACK

200 g Rinderhackfleisch / 2 EL Butter / 1 rote Chilischote / 2 Zwiebeln / 1 Knoblauchzehe / 4 Möhren /
200 g Langkornreis / 3 Stiele Petersilie / 3 Stiele
Minze / 3 TL Tomatenmark / 800 ml Gemüsebrühe
(S. 38) / 2 Tomaten / 50 g Rosinen / 40 g blanchierte Mandeln / 2 TL Kurkuma / 1 TL Zimt / 1 TL Kreuzkümmel / Salz / Pfeffer

Hackfleisch in einem großen Topf mit Butter 5 Min.
stark anbraten. Chili, Zwiebeln und Knoblauch hacken,
Möhren in feine Scheiben schneiden, alles in den Topf
geben und 3 Min. anbraten. Reis zugeben und kurz mitbraten. Petersilie und Minze hacken und mit Tomatenmark unter Rühren kurz mitgaren.

Brühe zugießen, aufkochen und zugedeckt bei
mittlerer Hitze 20 Min. köcheln lassen. Tomaten klein
schneiden und 5 Min. vor Ende der Garzeit mit den
Rosinen unterrühren. Mandeln grob hacken, in einer
Pfanne rösten und mit Kurkuma, Zimt und Kreuzkümmel unter den Pilaw geben. Mit Salz und Pfeffer
würzen.

INDISCHES BIRYANI MIT BLUMENKOHL

250 g Basmatireis / 1 Pck. Safran / 6 Kardamom-
Kapseln / 4 Zwiebeln / 20 g Ingwer / 2 EL Ghee
(alternativ Butterschmalz) / 200 g festkochende
Kartoffeln / 1 Blumenkohl / 60 g Currypaste / 1 Zimtstange / Salz / 150 g griechischer Sahnejoghurt /
40 g Mandelblättchen

Reis in einer Schale mit kaltem Wasser, Safran in einer
Schale mit 50 ml heißem Wasser einweichen lassen.
Samen aus den Kardamomkapseln holen und im Mörser
zerstoßen.

Zwiebeln und Ingwer fein würfeln und mit Ghee in
einer großen Pfanne bei milder Hitze 5 Min. glasig
dünsten. Kartoffeln würfeln, Blumenkohlröschen vom
Strunk schneiden. Beides in der Pfanne 2–3 Min. mitbraten. Currypaste, Kardamom, Zimtstange, Salz und
200 ml Wasser zugeben, umrühren und zugedeckt bei
milder Hitze 15 Min. dünsten. Joghurt unterrühren.
Reis in Salzwasser 5 Min. kochen. Mandelblättchen in einer Pfanne rösten, Zimtstange entfernen.

In einer ofenfesten Form übereinander schichten: Gemüse, Mandelblättchen und Reis. Mit Safranwasser
beträufeln. Zugedeckt im Ofen bei
160 °C 40 Min. backen.

MEIN ♥-REZEPT

KNÖDEL

1 KARTOFFELKLÖSSE

2 Scheiben Toastbrot / 80 g weiche Butter / 900 g mehlig kochende Kartoffeln / 3 Eigelb / 75 g Speisestärke / 1 TL Muskat / Salz

Für die Croûtons Toastscheiben würfeln und in einer Pfanne mit 30 g Butter rösten. Kartoffeln mit Schale ca. 20 Min. kochen, pellen und ausdampfen lassen. Durch eine Kartoffelpresse drücken oder mit dem Stampfer fein zerdrücken.

50 g Butter, Eigelb, Speisestärke und Muskat zu der Kartoffelmasse geben, mit einem Holzlöffel vermischen und mit Salz abschmecken. Aus dem Teig mit feuchten Händen Klöße formen. Mit dem Daumen eine Mulde eindrücken und je 3–5 Croûtons hineingeben. Klöße wieder verschließen und rund formen.

Salzwasser zum Kochen bringen. Die Klöße darin bei milder Hitze 10–15 Min. ziehen lassen, bis sie an der Oberfläche schwimmen.

2 SEMMELKNÖDEL

4 Brötchen vom Vortag / 1 Bund glatte Petersilie / 2 Zwiebeln / 120 g Butter / 300 ml Milch / 2 Eier / Salz / Pfeffer

Brötchen grob würfeln und in eine große Schüssel geben. Petersilienblättchen hacken. Zwiebeln fein würfeln und in einer Pfanne mit 30 g Butter glasig dünsten. Mit Milch ablöschen, kurz einkochen und über die Brötchen gießen. 10 Min. ziehen lassen.

Eier, Petersilie, Salz und Pfeffer zugeben und verkneten. Mit feuchten Händen Knödel formen. Salzwasser zum Kochen bringen. Die Knödel darin bei milder Hitze 15–20 Min. ziehen lassen. 90 g Butter in einer Pfanne aufschäumen, die Rindenbrösel darin kurz rösten und über die Knödel gießen.

4 SPECKKNÖDEL

2 Brötchen vom Vortag / 200 ml Milch / 1 Bund glatte Petersilie / 100 g Zwiebeln / 150 g geräucherter Speck / 20 g Butter / 2 Eier / 1 EL Mehl / Salz / Pfeffer

Brötchen grob würfeln und in eine große Schüssel legen. Milch erwärmen und über die Brötchen gießen. Petersilienblättchen hacken und hinzugeben.

Zwiebeln und Speck in kleine Würfel schneiden, mit der Butter goldgelb anbraten und mit Eiern, Mehl, Salz und Pfeffer zu den Brotwürfeln geben. Alles gut vermengen und 10 Min. quellen lassen.

Aus der Masse mit feuchten Händen Knödel formen. Salzwasser zum Kochen bringen. Die Knödel darin bei milder Hitze 10–15 Min. ziehen lassen.

MEIN ♥-REZEPT

3 KÄSEKNÖDEL

200 ml Milch / 500 g Knödelbrot (oder 5 altbackene Brötchen) / 300 g verschiedene Käsesorten (z. B. Edamer, Gouda, Tilsiter, Bergkäse) / 1 Bund Petersilie / 2 Schalotten / 1 Knoblauchzehe / 1 EL Butter / 4 Eier / 1 TL Muskat / Salz / Pfeffer

Milch erwärmen und nach und nach über das Knödelbrot gießen. Käse klein würfeln. Petersilienblättchen hacken. Schalotten und Knoblauch fein würfeln. Butter in einer Pfanne erhitzen und beides darin glasig dünsten. Die Eier mit Muskat, Salz und Pfeffer verquirlen.

Alle Zutaten gut durchkneten und daraus mit feuchten Händen Knödel formen. Salzwasser zum Kochen bringen. Die Knödel darin bei milder Hitze 15–20 Min. ziehen lassen.

5 SPINATKNÖDEL

300 g Blattspinat / 2 Eier / 2 Brötchen vom Vortag / 120 ml Milch / 50 g Schalotten / 1 Knoblauchzehe / 100 g Butter / 1 EL Mehl / 1 EL Semmelbrösel / 1 TL Muskat / Salz / Pfeffer / 50 g Parmesan

Spinat in kochendem Salzwasser ca. 2 Min. blanchieren, in kaltem Wasser abschrecken und mit den Händen ausdrücken. Im Zerkleinerer mit den Eiern fein mixen.

Brötchen grob würfeln. Milch erwärmen. Schalotten und Knoblauch fein würfeln und mit 20 g Butter glasig dünsten. Alle Zutaten zusammen mit Mehl und Semmelbröseln vermischen und mit Muskat, Salz und Pfeffer abschmecken. Mit einem feuchten Küchentuch abgedeckt 30 Min. ziehen lassen. Mit feuchten Händen große Knödel formen.

Salzwasser zum Kochen bringen. Die Knödel darin bei milder Hitze 15–20 Min. ziehen lassen. 80 g Butter bei mittlerer Hitze so lange erhitzen, bis sie sich braun verfärbt. Durch ein mit Küchenpapier ausgelegtes Sieb passieren und über die Knödel gießen. Parmesan grob darüber hobeln.

POLENTA

1 POLENTA MIT PARMESAN

1 Knoblauchzehe / 600 ml Gemüsebrühe
(S. 38) / 400 ml Milch / 1 Lorbeerblatt / Salz /
Pfeffer / 150 g Polenta / 140 g Parmesan

Knoblauchzehe fein hacken, mit Gemüsebrühe,
Milch und dem Lorbeerblatt in einem Topf auf-
kochen und mit Salz und Pfeffer würzen.
Polenta unter Rühren einrieseln lassen.
Alles bei mittlerer Hitze 8–10 Min.
unter Rühren weiterkochen.

Lorbeer aus der Polenta nehmen und Parmesan reiben. Eine
Hälfte des Käses unterrühren,
die andere über die Polenta
streuen.

MEIN ♥-REZEPT

2 · POLENTA MIT MANGOLD UND TOMATEN-SALSA

700 ml Gemüsebrühe (S. 38) / 200 g Sahne / 150 g Polenta / 1 TL Zucker / 1 TL Muskat / Salz / Pfeffer / 1 Knoblauchzehe / 200 g Baby-Mangold / 1 EL Olivenöl / 3 EL Butter / 4 getrocknete eingelegte Tomaten / 40 g Parmesan / 100 g Tomatensalsa (S. 142)

Brühe und Sahne in einem Topf zum Kochen bringen. Polenta unter Rühren mit dem Schneebesen einrieseln lassen und bei geringer Hitze 8–10 Min. quellen lassen. Dabei immer wieder umrühren.

Knoblauch fein hacken und mit dem Mangold in einer großen Pfanne mit Öl und 2 EL Butter dazugeben, zusammenfallen lassen. Mit Zucker, Muskat, Salz und Pfeffer abschmecken und zur Polenta geben.

Tomaten fein hacken, Parmesan reiben. Beides mit 1 EL Butter unter die Polenta rühren. Mit Salz und Pfeffer würzig abschmecken. Die Tomatensalsa darauf verteilen.

3 · GEBRATENE POLENTARAUTEN IN ROSMARINBUTTER

300 ml Gemüsebrühe (S. 38) / 300 ml Milch / 150 g Polenta / 1 TL Muskat / Salz / Pfeffer / 40 g Parmesan / 2 EL Olivenöl / 2 EL Butter / 2 Zweige Rosmarin / 2 Knoblauchzehen

Brühe und Milch in einem Topf zum Kochen bringen. Polenta unter Rühren mit dem Schneebesen einrieseln lassen und bei geringer Hitze 8–10 Min. quellen lassen, dabei immer wieder umrühren. Mit Muskat, Salz und Pfeffer würzen.

Parmesan reiben und unterrühren. Masse auf ein Holzbrett geben und glatt streichen, mit Frischhaltefolie bedecken und mit dem Nudelholz ca. 2 cm dick ausrollen. Abgedeckt abkühlen lassen.

Polentamasse in ca. 6 cm breite Quadrate schneiden und diese in Dreiecke teilen. Öl und Butter in einer großen beschichteten Pfanne erhitzen. Knoblauchzehen andrücken, mit Rosmarinzweigen zugeben und die Polentaecken darin 5 Min. goldbraun braten.

4 · POLENTAAUFLAUF MIT BOLOGNESER FLEISCHSAUCE

500 ml Gemüsebrühe (S. 38) / 500 ml Milch / 250 g Polenta / 1 TL Muskat / Salz / Pfeffer / 4 EL Olivenöl / 100 g Gouda / 100 g Parmesan / 500 g Sauce Bolognese (S. 57) / 1 EL Butter

Brühe und Milch in einem Topf zum Kochen bringen. Polenta unter Rühren mit dem Schneebesen einrieseln lassen und bei geringer Hitze 8–10 Min. quellen lassen. Dabei immer wieder umrühren. Muskat, Salz, Pfeffer und 2 EL Öl unter die Polenta rühren, diese auf ein Holzbrett geben und glatt streichen. Mit Frischhaltefolie bedecken und mit dem Nudelholz ca. 0,5 cm dick ausrollen, abgedeckt abkühlen lassen.

Käse reiben und mischen. Eine Auflaufform mit 2 EL Öl auspinseln. Die Polenta in ca. 15 cm lange und 10 cm breite Scheiben schneiden. Den Auflauf in mehreren Lagen wie folgt schichten: Polentascheiben, geriebener Käse und Bolognesesauce. Mit Käse abschließen. Butter in Flöckchen darauf verteilen und den Auflauf im Ofen bei 175 °C 30 Min. goldbraun überbacken.

5 · POLENTA MIT ZIEGENKÄSE UND GESCHMOLZENEN KIRSCHTOMATEN

1 Knoblauchzehe / 600 ml Gemüsebrühe (S. 38) / 400 ml Milch / 1 Rosmarinzweig / Salz / Pfeffer / 150 g Polenta / 24 Kirschtomaten / 1 EL Rohrohrzucker / 4 EL Olivenöl / 200 g Ziegenkäse / Fleur de Sel

Knoblauch fein hacken und in einem Topf mit Brühe, Milch und dem Rosmarinzweig zum Kochen bringen. Mit Salz und Pfeffer würzen. Polenta unter Rühren einrieseln lassen und bei geringer Hitze 8–10 Min. quellen lassen. Dabei immer wieder umrühren.

Kirschtomaten in einer beschichteten Pfanne kurz anbraten und mit Zucker karamellisieren. 2 EL Öl zufügen, Kirschtomaten mehrfach durchschwenken, bis sie beginnen aufzuplatzen. Aus der Pfanne nehmen und mit Fleur de Sel würzen.

Rosmarin aus der Polenta nehmen. Käse grob zerbröseln, die eine Hälfte mit 2 EL Öl unterrühren. Polenta mit den Kirschtomaten anrichten und mit der anderen Hälfte vom Käse bestreuen. Mit Öl beträufeln.

GNOCCHI

GNOCCHI IN SALBEIBUTTER

800 g mehlig kochende Kartoffeln / 130 g Butter / 2 TL Salz / 1 TL Muskat / 1 Bio-Zitrone / 2 Eier / 70 g Hartweizengrieß / 25 g Mehl / 25 g Kartoffelstärke / 4 Zweige Salbei / 40 g Parmesan / Pfeffer

Kartoffeln mit Schale auf einem mit Backpapier belegtem Blech im Ofen bei 160 °C ca. 1 Std. garen, pellen und zweimal durch die Kartoffelpresse drücken.

30 g Butter in einem Topf zerlassen, Salz und Muskat zugeben. Zitronenschale darüber abreiben. Eier trennen. Eigelbe mit Kartoffeln, Butter, Grieß, Mehl und Stärke zu einem geschmeidigen Teig verkneten und auf der Arbeitsfläche zu ca. 2 cm dicken Rollen formen. Diese in 1 cm breite Stücke teilen, zu Kugeln drehen, mit einer Gabel Rillen hineindrücken und auf ein mit Grieß bestreutes Blech legen. Die Gnocchi in kochendes Salzwasser geben und sobald sie an der Oberfläche schwimmen 2 Min. garen.

100 g Butter in einem Topf bei mittlerer Hitze erhitzen, bis sie goldbraun ist, und durch ein mit Küchenpapier ausgelegtes Sieb gießen. Mit den Salbeiblättern in einer großen Pfanne erhitzen. Gnocchi tropfnass hinzugeben und durchschwenken. Parmesan darüber reiben und pfeffern.

KRÄUTERGNOCCHI MIT GESCHMOLZENEN TOMATEN

800 g mehlig kochend Kartoffeln / Salz / 150 g Kräuter (z. B. Petersilie, Basilikum, Kresse, Thymian) / 100 g Pecorino / 2 Eier / 100 g Mehl / 100 g Ricotta / 1 TL Muskat / Pfeffer / 2 Schalotten / 2 Knoblauchzehen / 1 rote Chilischote / 2 El Öl / 1 El Butter / 500 g Kirschtomaten / 1 Pr. Zucker / 40 g Parmesan

Kartoffeln mit Schale in Salzwasser 20–25 Min. kochen, pellen und zweimal durch die Presse drücken. Kräuter fein hacken. Pecorino reiben. Eier trennen. Eigelbe mit Kartoffeln, Mehl, gehackten Kräutern, Pecorino und Ricotta hinzufügen. Mit Muskat, Salz und Pfeffer würzen und zu einem glatten Teig verkneten.

Schalotten, Knoblauch und Chilischote hacken und in einer Pfanne mit Öl und Butter glasig dünsten. Kirschtomaten halbieren, zugeben und 3 Min. mitdünsten. Mit Zucker karamellisieren. Mit Salz und Pfeffer würzen.

Teiglinge wie beim Rezept „Gnocchi in Salbeibutter" formen und kochen. Tropfnass unter die Tomaten mischen und durchschwenken. Parmesan darüber reiben und pfeffern.

MEIN ♥-REZEPT

KÜRBISGNOCCHI IN ORANGENBUTTER

100 g Butter / ½ Bio-Orange / 1 Hokkaido / 1 Knoblauchzehe / 4 Zweige Thymian / 1 Ei / 50 g Kartoffelstärke / 100 g Mehl / 1 TL Muskat / Salz / Pfeffer / 100 g Bacon / 1 EL Olivenöl / 40 g Parmesan

Butter in einem Topf erhitzen, bis sie goldbraun ist, und durch ein mit Küchenpapier ausgelegtes Sieb gießen. Orangenschale darüber abreiben.

Kürbis in Spalten schneiden, Knoblauch halbieren. Beides mit den Thymianzweigen auf einem Blech im Ofen bei 180 °C 30 Min. backen. Kürbis zerstampfen. Ei trennen. Eigelb, Kartoffelstärke und Mehl zugeben, mit Muskat, Salz und Pfeffer würzen und zu einem glatten Teig verkneten.

Die Teiglinge wie beim Rezept „Gnocchi in Salbeibutter" formen, kochen und abgetropft zur Orangenbutter geben, durchschwenken. Bacon in einer Pfanne mit Öl ausbraten, in Stücke schneiden und über die Kürbisgnocchi geben.

GNOCCHI MIT TRÜFFEL-PILZEN UND ZIEGENKÄSE

1 Schalotte / 500 g gemischte Pilze (z. B. Champignons, Kräuterseitlinge , Pfifferlinge) / 1 EL Olivenöl / 2 EL Marsala / 300 g Sahne / 2 EL Trüffelbutter / Salz / Pfeffer / Gnocchiteig / 100 g Ziegenkäse / 4 Zweige Petersilie

Schalotte fein würfeln und mit den Pilzen in einer Pfanne mit Öl 3–5 Min. scharf anbraten. Mit Marsala ablöschen, Sahne einrühren und einköcheln lassen. Mit Trüffelbutter, Salz und Pfeffer abschmecken.

Gnocchi wie beim Rezept „Gnocchi in Salbeibutter" zubereiten und kochen. Tropfnass unter die Trüffelpilze mischen und durchschwenken. Ziegenkäse zerbröseln, Petersilienblättchen hacken und beides darüber geben.

WALNUSSGNOCCHI MIT SPINAT IN NUSSBUTTER

100 g Butter / 1 Zwiebel / 1 Knoblauchzehe / 100 g Walnüsse / 1 kg Blattspinat / 30 g Rosinen / 1 TL Zucker / Salz / Pfeffer / 700 g mehlig kochende Kartoffeln / 2 Eier / 50 g Mehl / 40 g Parmesan

Butter in einem Topf erhitzen, bis sie goldbraun ist, und durch ein mit Küchenpapier ausgelegtes Sieb gießen. Zwiebel, Knoblauch und 25 g Nüsse hacken. Alles mit der Nussbutter anbraten. Spinat grob hacken und hinzugeben. Zugedeckt 6 Min. garen. Rosinen zugeben und mit Zucker, Salz und Pfeffer abschmecken.

Kartoffeln mit Schale in Salzwasser 20–25 Min. kochen, pellen und zweimal durch die Presse drücken. 75 g Nüsse fein mahlen, Eier trennen. Eigelbe mit Nüssen, Kartoffeln, Mehl, Salz und Pfeffer zu einem glatten Teig verkneten. Teiglinge wie beim Rezept „Gnocchi in Salbeibutter" formen, kochen und abgetropft zum Spinat geben und durchschwenken. Parmesan darüber reiben.

EMPANADAS

1 EMPANADAS DE CARNE

Für den Empanada-Teig: 150 g Maismehl / 150 g Weizenmehl / 2 Eier / 50 g Butter / ½ EL Salz / ½ EL Zucker / 1 EL Olivenöl / 1 EL Milch / 2 Eier (zum Bestreichen)

Für die Füllung: ½ rote Paprika / 1 Zwiebel / 1 Bund Frühlingszwiebeln / 4 EL Öl / 250 g Rinderhackfleisch / ½ TL Kreuzkümmel / ½ TL scharfes Paprikapulver / Salz / Pfeffer / 4 Eier / 100 g kernlose Oliven

Für den Teig das Mehl in eine große Schüssel füllen und in der Mitte eine Mulde bilden. 1 Ei trennen, das Eigelb mit den anderen Zutaten in die Mulde geben und alles mit einem Handmixer verrühren. Nach und nach 75 ml Wasser hinzugießen. Teig mind. 2 Std. im Kühlschrank ruhen lassen.

Für die Füllung Paprika, Zwiebel und Frühlingszwiebeln klein schneiden und in einer Pfanne mit Öl 5 Min. anbraten. Fleisch 5 Min. mitgaren. Gewürze unterrühren. 2 Eier hart kochen, mit den Oliven fein hacken. Beides mit der Füllung mischen.

Aus dem Teig Kugeln mit ca. 4 cm Durchmesser formen, sehr dünn ausrollen. 2 Eier trennen. Teigplatte in der Mitte mit Füllung belegen, Rand mit Eiweiß bepinseln und zu einer Tasche schließen. Mit Eigelb bestreichen. Empanadas auf einem mit Backpapier ausgelegten Backblech im Ofen bei 200 °C 15–20 Min. goldbraun backen.

2 EMPANADAS DE CHOCLO

1 Zwiebel / 2 Knoblauchzehen / 2 EL Olivenöl / 2 Maiskolben / 1 Ei / 100 g Kräuterfrischkäse / 100 g geriebener Emmentaler / 1 TL Paprikapulver edelsüß / 1 TL Oregano / Salz / Pfeffer / Empanada-Teig

Für die Füllung Zwiebel und Knoblauchzehen kleinschneiden und in einer Pfanne mit Öl glasig dünsten. Die Körner vom Maiskolben schneiden, Ei hart kochen und fein würfeln. Beides mit Frischkäse, Emmentaler und den Gewürzen unter die Zwiebelmischung rühren.

Füllung auf die Teigplatten legen. Die Teigtaschen wie beim Rezept Empanadas de Carne formen und backen.

3 EMPANADAS DE ATÚN

1 Zwiebel / 1 Knoblauchzehe / 3 EL Olivenöl / ½ rote Paprika / ½ gelbe Paprika / 1 Tomate / 1 Dose Thunfisch (100 g) / 2 Stiele Petersilie / ½ Zitrone / Meersalz / Pfeffer / Empanada-Teig

Für die Füllung Zwiebel und Knoblauchzehe kleinhacken und in einer Pfanne mit Öl glasig andünsten. Paprika klein schneiden und 3 Min. mitgaren. Tomate häuten und schneiden, Thunfisch zerkleinern, Petersilienblätter hacken und Saft aus der Zitrone pressen. Alles unter die Zwiebel-Paprika-Füllung heben und mit Salz und Pfeffer würzen.

Füllung auf die Teigplatten legen. Die Teigtaschen wie beim Rezept Empanadas de Carne formen und backen.

4 EMPANADAS DE QUESO Y CEBOLLAS

2 weiße Zwiebeln / 2 rote Zwiebeln / 4 Frühlingszwiebeln / 2 EL Olivenöl / Salz / Pfeffer / 1 TL Zucker / 250 g Mozzarella / Empanada-Teig

Für die Füllung die Zwiebeln und Frühlingszwiebeln kleinschneiden und in einer Pfanne mit Öl glasig dünsten. Mit Salz, Pfeffer und Zucker abschmecken. Mozzarella klein schneiden und untermischen.

Füllung auf die Teigplatten legen. Die Teigtaschen wie beim Rezept Empanadas de Carne formen und backen.

5 EMPANADAS DE POLLO

1 Möhre / ½ rote Paprika / ½ grüne Paprika / 1 Zwiebel / 3 Frühlingszwiebeln / 3 EL Öl / 1 Hähnchenbrustfilet / Salz / Pfeffer / Empanada-Teig

Für die Füllung Möhre, Paprika, Zwiebel und Frühlingszwiebeln würfeln und in einer Pfanne mit Öl 5 Min. anbraten. Fleisch in kleine Stücke schneiden und 2–3 Min. mitgaren. Mit Salz und Pfeffer abschmecken.

Füllung auf die Teigplatten legen. Die Teigtaschen wie beim Rezept Empanadas de Carne formen und backen.

MEIN ♥-REZEPT

123

TORTILLA

TORTILLA

500 g vorwiegend festkochende Kartoffeln /
1 Zwiebel / 6 EL Olivenöl / Salz / Pfeffer /
½ Bund glatte Petersilie / 8 Eier / 8 EL Sahne

Kartoffeln in dünne Scheiben, Zwiebel in kleine Würfel
schneiden. Kartoffeln in einer großen, beschichteten Pfanne mit 4 EL Öl bei milder Hitze unter Wenden ca. 5 Min.
anbraten. Zwiebelwürfel zufügen und weitere 7–10 Min.
unter Wenden braten. Salzen und pfeffern.

    Petersilienblättchen fein hacken, mit Eiern und Sahne
verquirlen und mit Salz und Pfeffer würzen. Die Eiersahne
zu den Kartoffeln geben und zügig untermengen. Bei milder
Hitze ca. 15 Min. braten, bis die Tortilla eine feste Konsistenz
annimmt. Mithilfe eines Tellers wenden, ca. 5 Min. fertig backen
und mit 2 EL Öl bepinseln.

TORTILLA MIT THUNFISCH

400 g vorwiegend festkochende Kartoffeln /
6 EL Olivenöl / 1 Zwiebel / 1 rote Paprika /
½ Bund Schnittlauch / Salz / Pfeffer / 8 Eier /
8 EL Sahne / 1 TL edelsüßes Paprikapulver /
1 Dose Thunfisch (100 g)

Kartoffeln in dünne Scheiben schneiden und
in einer großen, beschichteten Pfanne mit 4 EL
Öl bei milder Hitze unter Wenden ca. 5 Min.
anbraten. Zwiebel in kleine Würfel, Paprika in
feine Streifen schneiden. Schnittlauch fein hacken. Alles zu den Kartoffeln geben und weitere
7–10 Min. unter Wenden braten. Salzen und
pfeffern.

    Eier und Sahne verquirlen und mit Paprika-
pulver, Salz und Pfeffer würzen. Thunfisch grob
zerkleinern und dazugeben. Die Eier-Thun-
fisch-Masse zu den Kartoffeln geben und zügig
untermengen. Bei milder Hitze ca. 15 Min. braten,
bis die Tortilla eine feste Konsistenz annimmt.
Mithilfe eines Tellers wenden, ca. 5 Min. fertig
backen und mit 2 EL Öl bepinseln.

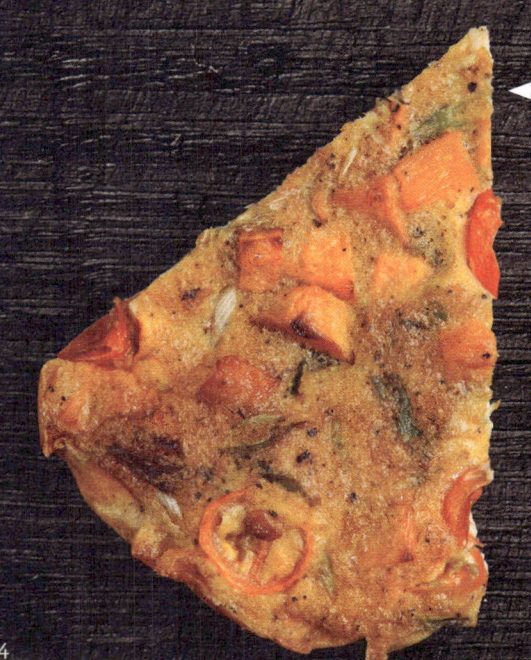

TORTILLA MIT PAPRIKA UND ROSMARIN

500 g vorwiegend festkochende Kartoffeln / 6 EL Olivenöl / 1 Zwiebel / 1 rote Paprika / 1 Zweig Rosmarin / Salz / Pfeffer / 8 Eier /
8 EL Sahne

Kartoffeln in dünne Scheiben schneiden und in einer großen, beschichteten Pfanne mit 4 EL Öl bei milder Hitze unter Wenden ca.
5 Min. anbraten. Zwiebel in kleine Würfel, Paprika in feine Streifen
schneiden. Rosmarinnadeln fein hacken. Alles zu den Kartoffeln geben
und weitere 7–10 Min. unter Wenden braten. Salzen und pfeffern.

    Eier und Sahne verquirlen, zu den Kartoffeln geben und zügig
untermengen. Bei milder Hitze ca. 15 Min. braten, bis die Tortilla eine
feste Konsistenz annimmt. Mithilfe eines Tellers wenden, ca. 5 Min.
fertig backen und mit 2 EL Öl bepinseln.

SÜSSKARTOFFEL-TORTILLA MIT KIRSCHTOMATEN

500 g Süßkartoffel / 2 Frühlingszwiebeln / 1 Knoblauchzehe / 6 EL Olivenöl / Salz / Pfeffer / 12 Kirschtomaten /
8 Eier / 50 g Parmesan

Süßkartoffeln in ca. 1,5 cm große Würfel, Frühlingszwiebeln
in Ringe schneiden. Knoblauch fein hacken. 4 EL Öl in
einer großen, beschichteten Pfanne erhitzen, Süßkartoffeln
bei milder Hitze unter Wenden ca. 5 Min. anbraten, Zwiebeln und Knoblauch zufügen und weitere 6–8 Min. braten.
Salzen und pfeffern. Kirschtomaten halbieren und mit den
Kartoffeln in eine mit Backpapier ausgelegte Auflaufform füllen.

Eier verquirlen, Parmesan darüber reiben.
Mit Salz und Pfeffer abschmecken. Eier-Käse-
Sauce in die Auflaufform gießen und alles
vermengen. Tortilla im Ofen bei 160 °C
15–20 Min. goldbraun backen. Mit
2 EL Öl bepinseln.

FRITTATA MIT ZUCCHINI, ERBSEN UND FETA

6 EL Olivenöl / 500 g Zucchini / 2 Schalotten / 2 Knoblauchzehen / 6 Stiele Minze / 250 g TK-Erbsen / Salz /
Pul Biber / 8 Eier / 150 g Feta

4 EL Öl in einer großen ofenfesten Pfanne erhitzen.
Zucchini in feine Stifte hobeln, Schalotten fein würfeln.
Beides in der Pfanne bei mittlerer Hitze 3 Min. braten.
Knoblauch hacken und kurz mitbraten. Minzblätter
mit den Erbsen hinzufügen und mit Salz und Pul Biber
würzen.

Eier verquirlen, Feta grob zerbröseln. Beides in die
Pfanne geben, alles vermengen und im Ofen bei 180 °C
15 Min. backen. Mit 2 EL Öl bepinseln.

MEIN ♥-REZEPT

QUICHE

QUICHE LORRAINE

Für den Teig: 125 g Butter / 1 Ei / 250 g Mehl Typ 550 / 2 Pr. Salz

Für die Füllung: 3 Zwiebeln / 200 g durchwachsener Speck / 2 EL Oliven-öl / 200 g Crème fraîche / 1 Ei / 1 TL Muskat / Salz / Pfeffer / 150 g Berg-käse (z. B. Gruyère)

Für den Teig Butter klein würfeln und mit Ei, Mehl, Salz und 4 EL Wasser in einer Schüssel zu einem glatten Teig kneten. Mind. 60 Min. in Frischhalte-folie gewickelt in den Kühlschrank legen. Quicheform buttern und mehlen. Teig auf einer bemehlten Arbeitsfläche 3 mm dick ausrollen, in die Form legen und den überstehenden Rand abtrennen.

Für die Füllung Zwiebeln und Speck klein würfeln. Speck in einer Pfanne anbraten und in eine Schüssel geben. Öl in die Pfanne gießen, die Zwiebeln darin glasig dünsten und in die Schüssel geben. Mit Crème fraîche und Ei verrühren und mit Muskat, Salz und Pfeffer abschmecken.

Käse auf den Teig reiben, die Füllung darüber verteilen und die Quiche im Ofen bei 170 °C 30–35 Min. goldgelb backen.

MÖHREN-ZUCCHINI-LAUCH-QUICHE

200 g Crème fraîche / 1 Ei / 150 g Ziegenkäse / 3 Möhren / 1 Zucchini / 1 Stange Lauch / 2 EL Olivenöl / Salz / Pfeffer / Quicheteig / 1 EL Pinienkerne

Crème fraîche, Ei und Ziegenkäse in einer großen Schüssel mischen. Möhren, Zucchini und Lauch in feine Streifen schneiden und nach und nach in einer Pfanne mit Öl andünsten. Unter die Käsecreme rühren und mit Salz und Pfeffer abschmecken.

In die Quicheform mit dem Teig füllen, mit Pinienkernen bestreuen und im Ofen bei 170 °C 30–35 Min. goldgelb backen.

MEIN ♥-REZEPT

KIRSCHTOMATEN-QUICHE

4 Schalotten / 1 Knoblauchzehe /
4 Zweige Thymian / 2 EL Olivenöl /
400 g Kirschtomaten / 1 EL Rohrohrzucker / 20 ml Portwein /
200 g Crème fraîche / 1 Ei /
150 g Ziegenkäse / Salz / Pfeffer /
Quicheteig / 1 EL Pinienkerne /
2 EL Kapernäpfel

Schalotten in Spalten schneiden,
Knoblauch fein hacken. Beides mit
den Thymianblättchen in einer großen
Pfanne mit Öl glasig dünsten. Tomaten halbieren, zugeben und kurz
mitbraten. Mit Zucker karamellisieren
und mit Portwein ablöschen.

Crème fraîche, Ei und Ziegenkäse
verrühren, salzen, pfeffern und in die
Form mit dem Teig streichen. Füllung
darauf verteilen, mit Pinienkernen
bestreuen, mit Kapernäpfeln belegen
und im Ofen bei 170 °C 30–35 Min.
goldgelb backen.

RÄUCHERLACHS-QUICHE

200 g Räucherlachs / 15 Kirschtomaten / 200 g Crème fraîche /
1 Ei / 150 g geriebener Emmentaler / 1 Brokkoli / 1 Zwiebel /
1 Knoblauchzehe / 2 EL Olivenöl /
Salz / Pfeffer / Quicheteig /
1 EL Mandelblättchen

Lachs in Streifen schneiden, Tomaten halbieren. Beides mit Crème
fraîche, Ei und Käse in einer großen Schüssel mischen. Die Brokkoliröschen vom Strunk trennen und
in Salzwasser 3–5 Min. bissfest
garen.

Zwiebel und Knoblauch klein
würfeln, mit dem Brokkoli in einer
Pfanne mit Öl anbraten und in die
Schüssel geben. Alles verrühren,
salzen und pfeffern und in die Quicheform mit dem Teig füllen. Mit
Mandelblättchen bestreuen und
im Ofen bei 170 °C 30–35 Min.
goldgelb backen.

SPINAT-SCHAFSKÄSE-QUICHE

500 g Blattspinat / 1 Zwiebel /
1 Knoblauchzehe / 2 EL Olivenöl /
200 g Ricotta / 50 g geriebener
Emmentaler / 1 Ei / 1 TL Muskat /
Salz / Pfeffer / 150 g Feta / Quicheteig / 1 EL Sonnenblumenkerne

Spinat in Salzwasser 3–5 Min. kochen,
abgießen und kalt abschrecken. Blätter
ausdrücken und grob hacken. Zwiebel
und Knoblauch klein würfeln, mit dem
Spinat in einer Pfanne mit Öl andünsten und in eine Schüssel geben. Mit
Ricotta, Käse und Ei vermischen und
mit Muskat, Salz und Pfeffer abschmecken. Feta klein würfeln und untermischen.

Füllung in die Quicheform mit
dem Teig geben, mit Sonnenblumen-
kernen bestreuen und im Ofen bei
170 °C 30–35 Min. goldgelb backen.

OMELETTE

MEIN ♥-REZEPT

1 KRÄUTER-OMELETTE

8 Eier / 120 g Sahne / 40 g Butter / 2 Handvoll frische Kräuter (z. B. Petersilie, Estragon, Dill, Kerbel, Schnittlauch, Rucola) / Salz / Pfeffer / 50 g Parmesan

Eier und Sahne mit dem Schneebesen verrühren. Butter in einer großen beschichteten Pfanne zerlassen, Kräuter zugeben und bei starker Hitze unter Rühren kurz zusammenfallen lassen. Mit Salz und Pfeffer würzen.

Eiersahne zugießen und bei mittlerer Hitze ohne Rühren ca. 4 Min. stocken lassen. Omelette wenden und 1 Min. weiter braten. Parmesan über das Omelette hobeln.

2 TOMATEN-OMELETTE MIT SPECK

1 Zwiebel / 2 Tomaten / 8 Eier / 120 g Sahne / Salz / Pfeffer / 8 Scheiben Bacon / 2 EL Olivenöl

Zwiebel würfeln. Tomaten klein schneiden. Eier und Sahne verrühren, mit Salz und Pfeffer würzen. Den Bacon anbraten und beiseite legen.

Öl in die Pfanne geben, Tomaten und Zwiebel anbraten. Eiersahne zugießen und bei mittlerer Hitze ohne Rühren ca. 4 Min. stocken lassen. Omelette wenden und 1 Min. weiter braten. Mit dem Bacon belegen.

3 KARTOFFEL-KRÄUTER-OMELETTE

4 kleine Kartoffeln / 1 Zwiebel / 40 g Butterschmalz / Salz / Pfeffer / 8 Eier / 120 g Sahne / ½ Bund Schnittlauch

Kartoffeln reiben, in ein Küchentuch geben und sanft auswringen. Zwiebel fein würfeln. Schmalz in einer großen beschichteten Pfanne erhitzen, die Kartoffeln darin stark anbraten. Sobald die Ränder anfangen braun zu werden, Hitze reduzieren und die Kartoffeln wenden. Zwiebeln, Salz und Pfeffer hinzufügen und 5–8 Min. ausbacken.

Eier und Sahne verrühren, über die Kartoffeln gießen und ohne Rühren ca. 4 Min. stocken lassen. Omelette wenden und 1 Min. weiter braten. Schnittlauch fein hacken, und auf das noch leicht flüssige Omelette streuen und mitgaren.

4 OMELETTE MIT KIRSCHTOMATEN UND ZIEGENKÄSE

12 Kirschtomaten / 2 Frühlingszwiebeln / 40 g Butter / 1 TL Zucker / 8 Eier / 4 EL Ziegenfrischkäse / Fleur de Sel / Pfeffer

Kirschtomaten vierteln. Frühlingszwiebeln in feine Ringe schneiden. Beides mit der Butter in einer beschichteten Pfanne ca. 1 Min. anbraten, mit dem Zucker karamellisieren.

Eier verquirlen, in die Pfanne gießen und bei mittlerer Hitze ohne Rühren ca. 4 Min. stocken lassen. Omelette wenden und 1 Min. weiter braten. Ziegenkäse auf das noch leicht flüssige Omelette zerbröseln und mitgaren. Mit Salz und Pfeffer würzen.

5 KRABBEN-OMELETTE

8 Eier / 120 g Sahne / Salz / Pfeffer / 4 Zweige Dill / 3 EL Butter / 125 g Krabben

Eier und Sahne verrühren, mit Salz und Pfeffer würzen und die Dillblättchen hineinrühren.

Butter in einer großen beschichteten Pfanne zerlassen, Eiersahne hineingießen und bei mittlerer Hitze ohne Rühren ca. 4 Min. stocken lassen. Omelette wenden und 1 Min. weiter braten. Die Krabben auf das noch leicht flüssige Omelette geben und mitgaren.

STRAMMER MAX

STRAMMER MAX

4 dicke Scheiben Bauernbrot /
60 g Butter / 4 Salatblätter /
8 Scheiben würziger Bauernschinken / 4 Essiggurken /
4 Eier / Salz / Pfeffer /
½ Bund Schnittlauch

Brotscheiben mit 40 g Butter
bestreichen und mit je 1 Salatblatt und 2 Scheiben Schinken
belegen. Essiggurken in längliche Scheiben schneiden und
Brote damit belegen.

20 g Butter in einer be-
schichteten Pfanne zerlassen,
4 Eier darin bei mittlerer Hitze
braten und salzen. Brote mit
den Spiegeleiern belegen, mit
Pfeffer würzen. Schnittlauch
in feine Röllchen schneiden
und über den Strammen Max
streuen.

STRAMMER VEGGIE

1 rote Paprika / 1 gelbe Paprika /
1 Zucchini / 1 Knoblauchzehe / 2 Zweige Thymian / 8 EL Olivenöl / 4 dicke
Scheiben Bauernbrot / 1 Handvoll
Rucola / 2 Strauchtomaten / 2 Scheiben
Mozzarella / 20 g Butter / 4 Eier / Fleur
de Sel / Pfeffer

Paprika quer in Ringe, Zucchini schräg in
Scheiben schneiden. Knoblauch hacken.
Alles mit Thymianblättern in einer Pfanne
mit 4 EL Öl anbraten. Brotscheiben mit
4 EL Öl beträufeln und im Ofen bei
200 °C ca. 5 Min. rösten. Rucola und das
Schmorgemüse darauf verteilen.

Tomaten und Mozzarella in feine
Scheiben schneiden. Brote damit belegen
und im Ofen ca. 5 Min. überbacken, bis
der Mozzarella schmilzt. Butter in einer
beschichteten Pfanne zerlassen, 4 Eier darin bei mittlerer Hitze braten und salzen.
Brote mit den Spiegeleiern belegen, mit
Pfeffer würzen.

MEIN ♥-REZEPT

STRAMMER MAXIMILIANO

4 breite Scheiben Ciabatta / 60 g Butter / 1 Handvoll Rucola / 8 dünne Scheiben Parmaschinken / 2 Strauchtomaten / Fleur de Sel / Pfeffer / 1 TL Olivenöl / 4 Eier / 2 Stiele Basilikum

Ciabatta toasten, mit 40 g Butter bestreichen und mit Rucola und je 2 Scheiben Parmaschinken belegen. Tomaten in dünne Scheiben schneiden und auf den Broten verteilen. Mit Salz, Pfeffer und 1 Schuss Öl würzen.

20 g Butter in einer beschichteten Pfanne zerlassen, 4 Eier darin bei mittlerer Hitze braten und salzen. Brote mit den Spiegeleiern belegen, mit Pfeffer würzen. Basilikum fein hacken und über den Strammen Maximiliano streuen.

STRAMME FORELLE

½ Zitrone / 1 Avocado / 1 EL Olivenöl / Salz / 4 dicke Scheiben Vollkornbrot / 4 Salatblätter / 4 Forellenfilets / 1 kleiner Apfel / ¼ Salatgurke / 2 Stiele Dill / Pfeffer / 20 g Butter / 4 Eier

Saft aus Zitrone pressen und zusammen mit Avocado, Öl und Salz mit dem Stabmixer pürieren. Brotscheiben damit dick bestreichen und mit je 1 Salatblatt und 1 Forellenfilet belegen. Apfel und Gurke in feine Scheiben schneiden, auf den Forellenfilets anrichten. Dill fein hacken und mit Salz und Pfeffer über die Brote streuen.

Butter in einer beschichteten Pfanne zerlassen, 4 Eier darin bei mittlerer Hitze braten und salzen. Brote mit den Spiegeleiern belegen, mit Pfeffer würzen.

STRAMMER FRÜHLINGS-MAX

750 g weißer und grüner Spargel / 3 EL Weißweinessig / 1 EL Honig / Salz / Pfeffer / 4 EL Olivenöl / ½ Bund Schnittlauch / 8 Radieschen / 4 Scheiben Bauernbrot / 60 g Butter / 8 Scheiben gekochter Schinken / 4 Eier

Weißen Spargel in kochendem Salzwasser ca. 10–12 Min. garen, nach 7 Min. den grünen Spargel zufügen. Essig, Honig, Salz und Pfeffer verrühren, Öl kräftig unterschlagen. Schnittlauch in Röllchen, Radieschen in feine Scheiben schneiden, beides mit der Vinaigrette vermischen.

Brote mit 40 g Butter bestreichen, mit je 2 Scheiben Schinken und dem Spargel belegen. 20 g Butter in einer beschichteten Pfanne zerlassen, 4 Eier darin bei mittlerer Hitze braten, salzen und auf die Brote legen. Die Vinaigrette darüber träufeln und mit Pfeffer würzen.

WRAPS & CRESPELLE

1 · WRAP MIT HÄHNCHENBRUST UND AVOCADO

2 Hähnchenbrüste (je 150 g) / Fleur de Sel / Pul Biber /
2 EL Rapsöl / 1 Knoblauchzehe / 1 Zitrone / 1 Avocado /
4 EL Olivenöl / 1 gelbe Paprika / 1 Mini-Salatgurke /
4 Tortilla-Wraps / 8 Salatblätter

Hähnchen mit Salz und Pul Biber würzen, in der Pfanne mit
Rapsöl scharf anbraten und im Ofen bei 160 °C 10 Min. fertig
garen. In dünne Tranchen schneiden und beiseite legen. Knoblauch hacken. Saft aus Zitrone pressen. Beides mit dem Avo-
cadofruchtfleisch und 2 EL Olivenöl pürieren. Paprika in feine
Streifen, Gurke in feine Stifte schneiden.

Zutaten auf 4 Portionen aufteilen. Tortilla-Wraps jeweils
mit Avocadocreme bestreichen, mit Salat, Gurke und Paprika
belegen, salzen und mit 2 EL Olivenöl beträufeln. Hähnchen
darüber verteilen und Wraps einrollen.

2 · WRAP MIT FELDSALAT UND PILZEN

1 Apfel / 2 EL Pinienkerne / ½ Zitrone / 4 EL Crème
fraîche / 1 Knoblauchzehe / Salz / Pfeffer /
250 g Champignons und Kräuterseitlinge / 1 Pr. Rohrohrzucker / 2 EL Olivenöl / 4 Tortilla-Wraps /
50 g Feldsalat / 30 g Parmesan

Apfel in feine Streifen schneiden. Pinienkerne in einer
Pfanne rösten. Saft aus Zitrone pressen und mit Crème
fraîche verrühren, Knoblauch darüber pressen und mit
Salz und Pfeffer würzen. Pilze in Scheiben schneiden
und in einer beschichteten Pfanne ca. 3 Min. scharf anbraten, mit Zucker karamellisieren, Öl zugeben und mit
Salz und Pfeffer würzen.

Zutaten auf 4 Portionen aufteilen. Tortilla-Wraps
jeweils mit Crème-fraîche-Mischung bestreichen, mit
Salat, Apfel und Pilzen belegen, mit Pinienkernen bestreuen, Parmesan grob darüber reiben und einrollen.

3 CRESPELLA MIT ROASTBEEF UND WALNÜSSEN

Für den Crespella-Teig: 50 g Butter / 125 g Mehl / 250 ml Milch / 2 Eier / 1 TL Zucker / Salz

Für die Füllung: 2 EL Walnüsse / 6 EL Crème fraîche / 1 EL Meerrettich / 1 TL Honig / Pfeffer / 24 Scheiben Roastbeef / 1 Bund Rucola

Für den Teig 25 g Butter, Mehl, Milch, Eier, Zucker und 1 Pr. Salz in einer Schüssel mit dem Handmixer verquirlen und abgedeckt 30 Min. quellen lassen. Crespelle portionsweise in einer beschichteten Pfanne mit 25 g Butter bei mittlerer Hitze goldbraun backen.

Walnüsse hacken und in einer Pfanne rösten. Crème fraîche, Meerrettich und Honig verrühren, mit Salz und Pfeffer würzen.

Zutaten auf 4 Portionen aufteilen. Crespelle jeweils mit der Crème-fraîche-Mischung bestreichen, mit Roastbeef, Rucola und Walnüssen belegen, mit Pfeffer würzen und einrollen.

4 CRESPELLA MIT KÄSE UND SCHINKEN

50 g Butter / 30 g Mehl / 250 ml Milch / Muskat / Salz / Pfeffer / 150 g gekochter Schinken / 100 g Mozzarella / 2 Frühlingszwiebeln / 1 Bund Basilikum / 80 g Parmesan / 150 g Crème fraîche / Crespella-Teig / 80 ml Tomatensugo (S. 144)

30 g Butter in einem Topf erhitzen, erst Mehl, dann Milch unter Rühren zugeben und 5 Min. köcheln lassen. Mit Muskat, Salz und Pfeffer würzen. Schinken und Mozzarella würfeln, Zwiebeln in Ringe schneiden, Basilikum hacken. 50 g Parmesan reiben. Alles zusammen mit Crème fraîche unter die Béchamelsauce rühren.

Zutaten auf 4 Portionen aufteilen. Crespelle jeweils großzügig mit Sauce bestreichen, einrollen und nebeneinander in eine gefettete Auflaufform legen. 30 g Parmesan darüber reiben, mit 20 g Butter in Flöckchen belegen und mit Tomatensugo begießen. Im Ofen bei 180 °C 15–20 Min. überbacken.

5 CRESPELLA MIT BIRNE UND ZIEGENKÄSE

2 EL Pinienkerne / 4 getrocknete Feigen / 150 g Ziegenfrischkäse / 1 EL Honig / Salz / Pfeffer / 1 Birne / 4 EL Olivenöl / 2 EL Rohrohrzucker / 1 Radicchio / 2 EL Aceto Balsamico / Crespella-Teig / 40 g Parmesan / 100 g Sahne

Pinienkerne rösten. Feigen klein würfeln. Ziegenkäse, Honig, Salz und Pfeffer verrühren. Birne in Spalten schneiden, mit 1 EL Öl in einer Pfanne andünsten und mit 1 EL Zucker karamellisieren, herausnehmen. Radicchioblätter in der Pfanne mit 3 EL Öl schmoren, mit 1 EL Zucker karamellisieren, mit Essig ablöschen und einköcheln lassen. Feigen, Birnen und Pinienkerne untermischen.

Zutaten auf 4 Portionen aufteilen. Crespelle jeweils mit Ziegenkäse bestreichen, mit Radicchio belegen und einrollen. In eine gefettete Auflaufform legen. Parmesan reiben, 1 EL davon mit Sahne aufkochen und über die Crespelle gießen. Mit restlichem Parmesan bestreuen und im Ofen bei 170 °C ca. 15 Min. überbacken.

MEIN ♥-REZEPT

SANDWICHES

CLUB-SANDWICH

½ Bio-Zitrone / 20 g Ingwer / 1 kleine Chilischote /
200 g Hühnchenbrustfilet / Salz / 2 Fleischtomaten /
¼ Salatgurke / 2 EL Salatmayonnaise / 2 EL Crème
fraîche / 2 Spritzer Tabasco / 8 Scheiben Bacon / 4 Eier /
Pfeffer / 12 Scheiben Sandwichtoast / 8 grüne Salatblätter / 1 EL Butter

Zitroneschale mit dem Sparschäler abziehen. Ingwer in
feine Scheiben, Chilischote in feine Streifen schneiden.
Alles mit dem Fleisch in einem Topf mit Salzwasser 15 Min.
bei schwacher Hitze garen. Fleisch herausnehmen und in
Scheiben schneiden.

Tomaten und Gurke in Scheiben schneiden. Mayonnaise, Crème fraîche und Tabasco verrühren. Bacon in einer
Pfanne knusprig ausbraten, auf Küchenpapier abtropfen
lassen. Aus den Eiern Spiegeleier zubereiten, salzen und
pfeffern. Toasts hellbraun rösten.

Zutaten auf 4 Portionen aufteilen, je Sandwich wie folgt
schichten: Toast, Mayonnaise-Creme, Salat, Tomate, Gurke,
Fleisch, Toast, Butter, Salat, Bacon, Spiegelei und Toast.

THUNFISCH-SANDWICH

2 Dosen Thunfisch (à 100 g) / 1 Stange Frühlingslauch /
2 Stiele Petersilie / 2 EL Kapern / ¼ Zitrone / 4 EL Salatmayonnaise / 4 EL Crème fraîche / 2 Eier / Salz / Pfeffer /
8 Salatblätter / 2 Tomaten / ¼ Salatgurke / 12 Scheiben
Sandwichbrot

Thunfisch abtropfen lassen, zerkleinern. Frühlingslauch in
feine Ringe schneiden. Petersilienblättchen und Kapern fein
hacken. Saft aus der Zitrone auspressen. Alles mit Mayonnaise und Crème fraîche verrühren und mit Salz und Pfeffer
würzen. Eier in siedendem Wasser hart kochen, pellen und
mit Tomaten und Gurke in dünne Scheiben schneiden.

Zutaten auf 4 Portionen aufteilen, je Sandwich wie folgt
schichten: Toast, Thunfischpaste, Salat, Ei, Tomate, Gurke,
Toast, Thunfischpaste, Salat, Ei, Tomate, Gurke und Toast.

MEIN ♥-REZEPT

MEDITERRANES SANDWICH

1 Aubergine / Salz / 4 EL Olivenöl /
3 Strauchtomaten / 250 g Mozzarella / 4 Ciabatta-Brötchen / 4 EL Basilikumpesto (S. 141) / 1 Handvoll
Rucola / 4 Stiele Basilikum / Fleur
de Sel / Pfeffer

Aubergine in etwa 1 cm dicke Scheiben schneiden, salzen und eine Weile
ziehen lassen. Beschichtete Pfanne mit
2 EL Öl erhitzen, Auberginen darin
bei mittlerer Hitze 6–8 Min. braten.
Tomaten und Mozzarella in Scheiben
schneiden. Brötchen längs halbieren,
im Toaster rösten.

    Zutaten auf 4 Portionen auftei-
len, je Sandwich wie folgt schichten:
Brötchensockel, Pesto, Rucola, Aubergine, Tomate, Mozzarella, Basilikum,
Salz, Pfeffer, Öl und Brötchendeckel.

SPANISCHES BOCADILLO

250 g Strauchtomaten / 2 Knoblauchzehen / 4 EL Olivenöl /
Salz / Pfeffer / 4 Baguette-Bröt-
chen / 100 g Manchego / 8 Scheiben Serrano

Tomaten häuten, das Fruchtfleisch
in Stücke schneiden. Knoblauch
hacken. Beides zusammen mit
3 EL Öl mit dem Stabmixer fein
zerkleinern und mit Salz und Pfeffer abschmecken. Brötchen längs
halbieren, im Toaster anrösten.
Manchego in dünne Scheiben
hobeln.

    Zutaten auf 4 Portionen auf-
teilen, je Sandwich wie folgt
schichten: Brötchensockel, Tomatenpüree, Manchego, Serrano,
Öl, Pfeffer, Tomatenpüree und
Brötchendeckel.

SKANDINAVISCHES VOLLKORN-SANDWICH

2 Avocados / ½ Zitrone /
150 g Doppelrahmfrischkäse / Salz /
Pfeffer / 2 Eier / 4 Salatblätter /
¼ Salatgurke / 8 Scheiben Vollkornbrot / 200 g Räucherlachs

Das Fruchtfleisch aus 1 Avocado lösen,
Saft aus der Zitrone pressen. Beides
mit Frischkäse pürieren und mit Salz
und Pfeffer würzen. Eier hart kochen,
pellen, fein hacken und untermengen.
Gurke und 1 Avocado in Scheiben
schneiden. Die Avocado mit Zitronensaft beträufeln.

    Zutaten auf 4 Portionen auftei-
len, je Sandwich wie folgt schichten:
Brotscheibe, Avocadocreme, Salat,
Lachs, Gurke, Avocadoscheiben, Salz,
Avocadocreme und Brotscheibe.

BROT

1 RUSTIKALES BAGUETTE

400 g Weizenmehl Typ 550 / 100 g Roggenmehl Typ 1150 / 10 g frische Hefe / 1 EL Salz

Mehl in eine große Schüssel geben, Hefe darüber zerbröseln. 350 ml Wasser und Salz zugeben und alles gut verkneten, bis der Teig elastisch ist und sich vom Teigrand löst. Zu einer Kugel formen und in der Schüssel abgedeckt an einem warmen Ort mind. 1 Std. gehen lassen.

Teig auf eine bemehlte Arbeitsfläche geben und in 3 Stücke teilen. Jedes Drittel zu Brotstangen rollen, mit Mehl bestäuben und auf ein mit Backpapier ausgelegtes Blech legen. Mit einem Küchentuch bedeckt 1 Std. gehen lassen. Brotstangen mit einem Messer einschneiden und im Ofen bei 230 °C (Ober-/Unterhitze) 15–17 Min. goldbraun backen.

2 WALNUSS-ROSINEN-BROT

50 g Rosinen / 3 EL Rum / 100 g Walnusskerne /
400 g Weizenmehl Typ 550 / 100 g Roggenmehl
Typ 1150 / 10 g frische Hefe / 1 EL Salz

Rosinen in Rum einlegen, Walnusskerne grob hacken. Mehl in eine große Schüssel geben, Hefe darüber zerbröseln. 350 ml Wasser und Salz zugeben und alles gut verkneten, bis der Teig elastisch ist und sich vom Teigrand löst. Kurz vor Ende der Knetzeit Rosinen und Walnüsse zugeben. Den Teig zu einer Kugel formen und in der Schüssel abgedeckt an einem warmen Ort mind. 1 Std. gehen lassen.

Teig auf eine bemehlte Arbeitsfläche geben und in 3 Stücke teilen. Jedes Drittel zu Brotstangen rollen, mit Mehl bestäuben und auf ein mit Backpapier ausgelegtes Blech legen. Mit einem Küchentuch bedeckt 1 Std. gehen lassen. Brotstangen mit einem Messer einschneiden und im Ofen bei 230 °C (Ober-/Unterhitze) 15 – 17 Min. goldbraun backen.

4 BURGER BUNS

20 g frische Hefe / 20 g Zucker / 2 Eier / 250 g Mehl /
100 ml Milch / 1 TL Salz / 20 g Butter / 2 EL Sesamsamen

Hefe auf einem tiefen Teller fein zerbröseln, Zucker darüber streuen und 5 Min. auflösen lassen.

1 Ei trennen. Das Eigelb mit Mehl, Milch, Salz, Butter und 1 weiteres Ei in eine große Schüssel geben und verkneten. Die Hefe unterrühren und den Teig 1 Std. zugedeckt an einem warmen Ort gehen lassen.

Aus dem Teig 6 Kugeln formen, auf ein mit Backpapier ausgelegtes Blech legen und leicht flach drücken. 30 Min. abgedeckt gehen lassen. Mit Eiweiß bestreichen, mit Sesam bestreuen und im Ofen bei 250 °C (Ober-/Unterhitze) ca. 20 Min. goldbraun backen.

3 INDISCHES NAAN-BROT

75 ml Milch / 15 g frische Hefe / 1 EL Zucker /
250 g Mehl / 75 g Joghurt (3,5 % Fett) / 1 EL Sonnenblumenöl / ½ TL Salz / 1 Ei

In einer großen Schüssel Milch, Hefe und ½ EL Zucker verrühren, abdecken und an einem warmen Ort ca. 20 Min. gehen lassen.

Mehl, Joghurt, Öl, Salz, ½ EL Zucker und das Ei in die Schüssel geben und alles mit dem Handmixer 10 Min. verkneten. Wenn der Teig glatt ist, zu einer Kugel formen und in einer abgedeckten Schüssel an einem warmen Ort 1 Std. gehen lassen.

Teig durchkneten, in 6 Stücke teilen und diese auf der bemehlten Arbeitsfläche zu dünnen Fladen ausrollen. Eine große beschichtete Pfanne erhitzen und die Brote darin von beiden Seiten braten.

5 DINKELVOLLKORNBROT

42 g frische Hefe / 80 g Sonnenblumenkerne /
150 g Weizenmehl Typ 550 / 350 g Dinkelvollkornmehl /
100 g Sesamsamen / 1 EL Zucker / 1 TL Salz / 2 EL Butter

500 ml lauwarmes Wasser in eine große Schüssel geben, Hefe hineinbröseln und mit einem Schneebesen verrühren. Sonnenblumenkerne in einer Pfanne rösten. Mit Mehl, Sesam, Zucker und Salz zum Hefewasser geben und mit dem Handmixer zu einem glatten Teig verkneten.

Eine Kastenform mit Butter einfetten, den Teig hineinfüllen und in den kalten Ofen stellen. Auf 180 °C (Ober-/Unterhitze) erhitzen und das Brot 70 Min. goldbraun backen.

MEIN ♥-REZEPT

PESTO 140
- Basilikumpesto
- Walnuss-Kräuter-Pesto
- Steinpilzpesto
- Bärlauchpesto
- Tomatenpesto

SALSA 142
- Tomatensalsa
- Tomaten-Oliven-Salsa
- Avocado-Ananas-Salsa
- Ananas-Relish
- Mango-Paprika-Salsa

SUGO 144
- Tomatensugo
- Tomaten-Zimt-Sugo
- Paprikasugo
- Sugo all'arrabbiata
- Tomaten-Auberginen-Sugo

MAYONNAISE & CO. 146
- Mayonnaise
- Cocktailsauce
- Remoulade
- Kresse-Remoulade
- Aioli

KETCHUP 148
- Tomatenketchup
- Aprikosen-Ketchup
- Orientalisches Ketchup
- Barbecue-Sauce
- Hot Chili Sauce

AUFSTRICHE & DIPS 150
- Kräuterquark
- Guacamole
- Tomaten-Kapern-Frischkäse
- Hummus
- Joghurt-Minz-Dip

GRÜNE SAUCE 152
- Frankfurter Grüne Sauce
- Salsa verde
- Grüne Kräutersauce
- Gremolata
- Mojo Verde

SAUCEN

PESTO

MEIN ♥-REZEPT

BASILIKUMPESTO

1 Knoblauchzehe / 50 g Parmesan / 3 Bund frisches Basilikum / 40 g Pinienkerne / 150 ml Olivenöl / Salz / Pfeffer

Die Knoblauchzehe klein schneiden. Den Parmesan reiben. Beides zusammen mit den Basilikumblättern, Pinienkernen und Öl in einen Zerkleinerer oder Mörser geben und gründlich pürieren. Mit Salz und Pfeffer abschmecken.

 ## STEINPILZPESTO

50 g getrocknete Steinpilze / 3 Schalotten / 180 ml Rapsöl / 2 Stiele glatte Petersilie / ½ Zitrone / 60 g Parmesan / 30 g gemahlene Mandeln / 1 Pr. Zucker / Fleur de Sel / schwarzer Pfeffer

Pilze mit 150 ml warmem Wasser ca. 20 Min. quellen lassen. Den Fond durch ein Sieb in eine Schale gießen und aufbewahren. Pilze gut ausdrücken und grob schneiden.

Schalotten würfeln und in einer Pfanne mit 30 ml Öl glasig dünsten. Petersilie mit den Stielen fein hacken. 1 TL Saft aus der Zitrone pressen. Parmesan klein schneiden.

Alle Zutaten mit den Mandeln und 150 ml Öl in den Zerkleinerer oder Mörser geben und fein pürieren. Mit Zucker, Salz und Pfeffer abschmecken.

WALNUSS-KRÄUTER-PESTO

80 g Walnusskerne / 1 Bio-Zitrone / 40 g Feta / 1 Knoblauchzehe / 80 ml Olivenöl / 2 Stiele Basilikum / 2 Stiele glatte Petersilie / Salz / schwarzer Pfeffer

Walnüsse auf ein mit Backpapier ausgelegtes Backblech legen und bei 170 °C 5–6 Min. rösten. Herausnehmen und abkühlen lassen.

Die Schale von der Zitrone abreiben. Feta zerbröseln. Knoblauchzehe würfeln. Alle Zutaten mit dem Öl und den Kräutern mit einem Stabmixer grob pürieren. Salzen und pfeffern.

 ## BÄRLAUCHPESTO

2 Bund Bärlauch / 1 Knoblauchzehe / 60 g Mandeln / 100 ml Olivenöl / 100 ml Pflanzenöl (z. B. Rapsöl, Sonnenblumenöl, Kürbiskernöl) / 40 g Pecorino / Meersalz / schwarzer Pfeffer / 1 TL Honig

Bärlauch grob hacken. Knoblauch fein würfeln. Die Mandeln in einer beschichteten Pfanne etwa 5 Min. rösten.

Alles mit den Ölen in eine Schüssel geben und mit dem Stabmixer fein pürieren. Käse darüber reiben und gut untermischen. Mit Salz, Pfeffer und Honig abschmecken.

TOMATENPESTO

250 g getrocknete Tomaten (in Öl eingelegt) / 1 Tomate / 1 Knoblauchzehe / 50 g Rucola / 50 g Parmesan / 30 g gemahlene Mandeln / 100 ml Olivenöl / 1 TL edelsüßes Paprikapulver / Salz / Pfeffer / 1 Pr. Rohrohrzucker

Die getrockneten Tomaten abtropfen lassen und klein schneiden. Die Tomate grob, den Knoblauch fein würfeln. Rucola grob hacken, Parmesan in kleine Stücke schneiden.

Alle Zutaten mit den Mandeln, Öl und Paprikapulver in eine Rührschüssel geben und mit dem Stabmixer pürieren. Mit Salz, Pfeffer und Zucker abschmecken.

SALSA

1 TOMATENSALSA

4 Strauchtomaten / 1 Schalotte /
1 Knoblauchzehe / 2 Stiele Basilikum / 1 EL Balsamico Bianco /
3 EL Olivenöl / Fleur de Sel /
Pfeffer

Tomaten, Schalotte und Knoblauch fein würfeln. Basilikum fein
hacken. Alle Zutaten mit Essig
und Öl marinieren und mit Salz
und Pfeffer abschmecken und
mind. 15 Min. durchziehen lassen.

2 TOMATEN-OLIVEN-SALSA

4 Strauchtomaten / 1 kleine rote
Zwiebel / 1 Knoblauchzehe /
12 schwarze Oliven ohne Kern
(z. B. Kalamata) / 1 EL Balsamico
Bianco / 3 EL Olivenöl / Fleur de
Sel / Pfeffer

Tomaten, Zwiebel und Knoblauch fein
würfeln. Oliven quer in feine Scheiben
schneiden. Alle Zutaten mit Essig und
Öl marinieren und mit Salz und Pfeffer
würzig abschmecken. Mind. 15 Min.
durchziehen lassen.

3 AVOCADO-ANANAS-SALSA

1 Salatgurke / ½ Ananas / 1 Avocado / 1 Schalotte / ½ Zitrone / 3 EL
Olivenöl / Fleur de Sel / Pul Biber

Die Gurke entkernen und mit der
Ananas, der Avocado und der Schalotte in feine Würfel schneiden. Alles in
eine Schüssel geben. Zitrone auspressen und Saft mit dem Öl hinzugießen.
Salat durchmischen und mit Salz und
Pul Biber würzig abschmecken.

MEIN ♥-REZEPT

4 ANANAS-RELISH

2 kleine rote Zwiebeln / ½ Ananas /
1 EL Weißweinessig / 2 EL Olivenöl /
2 EL Honig / 1 TL edelsüßes Paprikapulver / Meersalz / Cayennepfeffer

Zwiebeln in kleine Stücke schneiden.
Ananas würfeln. Beides mit Essig, Öl,
Honig und dem Paprikapulver in einen
Topf geben und bei mittlerer Hitze
10 Min. einkochen lassen. Mit Salz und
Pfeffer abschmecken.

5 MANGO-PAPRIKA-SALSA

1 große Mango / 1 rote Paprika / 1 grüne
Paprika / 2 Frühlingszwiebeln / 1 grüne
Chilischote / 4 Stiele Koriander / ½ Limet-
te / 2 EL Olivenöl / Salz / Pfeffer

Mango und Paprika klein würfeln. Frühlingszwiebeln und Chilischote in feine Ringe
schneiden. Koriander fein hacken, Limette
auspressen. Alles in eine Schüssel geben und
vermischen. Mit Öl, Salz und Pfeffer würzen
und den Salat mind. 15 Min. durchziehen
lassen.

SUGO

TOMATENSUGO

1 große Zwiebel / 1 Knoblauchzehe / 4 EL Olivenöl /
1 TL Zucker / 1 EL Tomatenmark / 50 ml Weißwein /
2 Dosen stückige Tomaten (je 400 g) / Salz / Pfeffer

Zwiebel und Knoblauch fein würfeln und in einem Topf
mit Öl glasig dünsten. Mit Zucker karamellisieren.
Tomatenmark zufügen, kurz mitdünsten und mit Wein
ablöschen.

Tomaten in den Topf geben. Sugo unter Rühren bei
milder Hitze zugedeckt ca. 15 Min. köcheln lassen. Mit
dem Stabmixer pürieren und mit Salz und Pfeffer würzig
abschmecken.

TOMATEN-ZIMT-SUGO

1 große Zwiebel / 1 Knoblauchzehe / 4 EL Olivenöl /
1 TL Zucker / ½ rote Chilischote / 1 EL Tomatenmark / 50 ml Portwein / 2 Dosen stückige Tomaten
(je 400 g) / 2 Pr. Zimt / Salz / Pfeffer

Zwiebel und Knoblauch fein würfeln und in einem
Topf mit Öl glasig dünsten. Mit Zucker karamellisieren. Chilischote fein hacken, mit dem Tomatenmark
zufügen und kurz mitdünsten. Mit Portwein ablöschen.

Tomaten in den Topf geben. Sugo unter Rühren
bei milder Hitze zugedeckt ca. 15 Min. köcheln lassen.
Mit dem Stabmixer pürieren und mit
Zimt, Salz und Pfeffer würzig abschmecken.

MEIN ♥-REZEPT

PAPRIKASUGO

3 gelbe Paprika / 4 EL Olivenöl / 1 Zwiebel /
2 Knoblauchzehen / 2 TL Zucker / 1 TL edelsüßes Paprikapulver / 2 EL Weißweinessig /
Salz / Pfeffer

Paprika in grobe Stücke schneiden und in einem Topf
mit Öl 3–4 Min. anbraten. Zwiebel und Knoblauch fein würfeln
und 2 Min. mitbraten. Zucker und Paprikapulver unterrühren,
mit Essig, Salz und Pfeffer abschmecken. Zugedeckt ca. 10 Min.
köcheln lassen. Sugo mit dem Stabmixer pürieren.

SUGO ALL'ARRABBIATA

150 g durchwachsenen Speck / 1 große Zwiebel /
2 Knoblauchzehen / 2 EL Olivenöl / 1 TL Zucker /
2 Chilischoten / 2 Dosen stückige Tomaten
(je 400 g) / Salz / Pfeffer

Speck, Zwiebel und Knoblauch fein würfeln, in einem
Topf mit Öl glasig dünsten und mit Zucker karamellisieren. Chilischoten halbieren und mit den Tomaten in
den Topf geben. Sugo unter Rühren bei milder Hitze
zugedeckt ca. 15 Min. köcheln lassen.

   Chilischoten entfernen. Sugo
mit dem Stabmixer pürieren
und mit Salz und Pfeffer
würzig abschmecken.

   Je nach Geschmack
etwas gekochte Chilischote
fein gehackt unterrühren.

TOMATEN-
AUBERGINEN-SUGO

3 Zwiebeln / 1 Knoblauchzehe / 1 rote
Chilischote / 4 EL Olivenöl / 2 Stangen
Staudensellerie / 1 Möhre / 1 EL Tomatenmark /
1 TL Zucker / 200 ml Rotwein / 2 Dosen stückige
Tomaten (je 400 g) / 1 Aubergine / Salz

Zwiebeln und Knoblauch in feine Würfel, Chilischote in feine Ringe schneiden. Alles in einem
hitzebeständigen Topf mit 2 EL Öl 3 Min. anbraten.
Sellerie und Möhre klein schneiden und 5 Min.
mitdünsten. Tomatenmark und Zucker einrühren,
mit Rotwein ablöschen und alles einkochen lassen.
Tomaten zugeben und Sugo zugedeckt im Ofen bei
150 °C 1 Std. schmoren.

   Aubergine würfeln, salzen und mind. 30 Min.
ruhen lassen. Mit Küchenpapier abtupfen, in einer
Pfanne mit 2 EL Öl anbraten und zum Sugo geben.
30 Min. köcheln lassen und mit dem Stabmixer
pürieren.

MAYONNAISE & CO.

 MAYONNAISE

3 Eier / ½ Zitrone / 1 EL mittelscharfer Senf / 150 ml neutrales Öl (z. B. Raps-, Sonnenblumenöl) / Salz / Cayennepfeffer

Eier trennen, Zitrone auspressen. Den Saft mit dem Eigelb und dem Senf in eine Rührschüssel geben und 3 Min. mit dem Handmixer schaumig schlagen. 2 Min. ruhen lassen.

Das Öl in dünnem Strahl zugießen und mit dem Handmixer auf höchster Stufe solange unterrühren, bis die Mayonnaise cremig ist. Mit Salz und Pfeffer abschmecken.

 REMOULADE

2 Schalotten / 180 g Cornichons / 2 EL Kapern Nonpareilles / 150 g Mayonnaise / 150 g Joghurt / 2 TL Senf / Salz / Pfeffer / 1 Bund Schnittlauch / 1 Bund Petersilie

Schalotten fein würfeln, in eine Schüssel geben und mit heißem Wasser bedeckt 1 Min. liegenlassen. In ein Sieb abgießen und abtropfen lassen. Cornichons fein würfeln, Kapern hacken. Alles mit Mayonnaise, Joghurt und Senf verrühren und mit Salz und Pfeffer würzen.

Schnittlauch in feine Röllchen schneiden, Petersilie hacken. Beides unter die Remoulade rühren und mind. 15 Min. im Kühlschrank ziehen lassen.

MEIN ♥ -REZEPT

 COCKTAILSAUCE

150 g Mayonnaise / 250 ml Tomatenketchup (S. 148) / 2 EL Weinbrand / 2 Spritzer Tabasco / 1 TL Meerrettich / ½ Zitrone / Salz / Pfeffer

Mayonnaise mit Ketchup, Weinbrand, Tabasco und Meerrettich in einer Schüssel verrühren. Zitrone hineinpressen und die Sauce mit Salz und Pfeffer würzen.

 KRESSE-REMOULADE

150 g Joghurt / 150 g Mayonnaise (S. 146) / 6 Eier / 1 rote Zwiebel / 100 g Cornichons / 2 Beete Kresse / Salz / Pfeffer

Joghurt mit einem Schneebesen unter die Mayonnaise rühren. Eier hart kochen und fein hacken. Zwiebel und Cornichons fein würfeln. Kresse klein schneiden. Alles unter die Mayonnaise unterheben und mit Salz und Pfeffer würzen.

 AIOLI

2 Eier / 200 ml neutrales Öl (z. B. Raps-, Sonnenblumenöl) / 3 Knoblauchzehen / ½ Zitrone / Salz / Pfeffer

Eier trennen. Das Eigelb in einer Rührschüssel mit dem Handmixer schaumig schlagen, dabei das Öl in dünnem Strahl hinzugießen. Knoblauch und die Zitrone in die Aioli pressen und umrühren. Mit Salz und Pfeffer abschmecken.

KETCHUP

1   TOMATENKETCHUP

½ Zitrone / 50 g passierte Tomaten / 25 g Tomatenmark /
30 g brauner Zucker / 10 ml Weißweinessig / Meersalz /
Pfeffer

Zitrone auspressen und den Saft zusammen mit den Tomaten, Tomatenmark, Zucker und Essig in einen Topf geben.
Erhitzen und 30 Min. unter Rühren köcheln lassen. Mit Salz
und Pfeffer abschmecken.

2   APRIKOSEN-KETCHUP

1 Zwiebel / 2 Knoblauchzehen / 2 EL Olivenöl /
500 g Aprikosen / 1 rote Pfefferschote / 200 ml Weißwein / 2 EL Rohrohrzucker / Salz / Pfeffer

Zwiebel und Knoblauch fein würfeln und mit dem Öl in
einem Topf bei mittlerer Hitze ca. 3 Min. dünsten. Aprikosen grob würfeln, Pfefferschote klein hacken. Beides
zugeben und 2 Min. mitdünsten.

Mit dem Wein ablöschen, mit Zucker, Salz und Pfeffer würzen und bei mittlerer Hitze 15 Min. einkochen
lassen. Alles fein pürieren.

3 ORIENTALISCHES KETCHUP

1 kg Tomaten / 200 g Zwiebeln / 80 g Staudensellerie /
1 rote Pfefferschote / 30 g Ingwer / 100 ml Rotweinessig /
1 Kapsel Sternanis / 1 TL Koriandersaat / 2 Gewürznelken / 1 Pr. rosenscharfes Paprikapulver / 1 TL edelsüßes Paprikapulver / 1 TL Kreuzkümmel / 100 g brauner
Gelierzucker 1:1 / Salz / Pfeffer

Tomaten und Zwiebeln würfeln, Sellerie in dünne Scheiben
schneiden. Pfefferschote und Ingwer klein hacken. Alles
in einen großen Topf geben. Essig hinzugießen. Sternanis,
Koriander und Nelken in ein Tee-Ei geben und mit Paprikapulver und Kreuzkümmel in den Topf hängen. Bei milder
Hitze 30 Min. offen kochen lassen. Tee-Ei entfernen.

Die Gemüsemasse pürieren und durch ein Sieb streichen. Den Ketchup mit Zucker verrühren, aufkochen und
bei mittlerer Hitze 30 Min. offen einkochen, dabei öfter
umrühren. Salzen und pfeffern.

MEIN ♥-REZEPT

4 BARBECUE-SAUCE

3 Knoblauchzehen / 3 Dosen geschälte Tomaten
(je 240 g) / 2 EL Tomatenmark / 6 EL brauner Zucker /
6 EL Honig / 1 Lorbeerblatt / 2 TL gemahlener Kreuzkümmel / 1 Pr. Zimt / 1 Pr. Chilipulver / 100 ml Apfelessig / 4 EL Worcester-Sauce / Salz / Pfeffer

Knoblauch fein hacken. Mit Tomaten, Tomatenmark,
Zucker, Honig und den Gewürzen in einem Topf aufkochen.
Tomaten zerdrücken und alles ca. 30 Min. einkochen, dabei
häufig umrühren.

250 ml Wasser, Essig und Worcester-Sauce zugießen.
Unter häufigem Rühren ca. 45 Min. köcheln lassen. Lorbeerblatt entfernen und mit Salz und Pfeffer abschmecken.

5 HOT CHILI SAUCE

1 Zwiebel / 3 Knoblauchzehen / 150 ml Öl / 8 Tomaten /
8 Jalapeños / ½ Zitrone / 150 ml Apfelessig / 75 g Rohrohrzucker / 2 TL Pfeffer / 4 TL Salz / 3 Nelken /
1 EL Senfkörner / 5 Pimentkörner / ½ Zimtstange /
2 Lorbeerblätter / 1 TL Stärke

Zwiebel und Knoblauch fein hacken und mit 50 ml Öl in
einem Topf bei mittlerer Hitze glasig anschwitzen. Tomaten
würfeln, Jalapeños klein schneiden. Beides hinzugeben und
kurz mitdünsten. Zitrone auspressen, den Saft mit Essig
und 100 ml Öl aufgießen, alle weiteren Zutaten (außer der
Stärke) in den Topf füllen und 90 Min. köcheln lassen.

Sauce durch ein feines Sieb passieren, erneut aufkochen
und 10–15 Min. köcheln lassen. Die Stärke mit kaltem
Wasser glatt rühren und die Sauce damit portionsweise
andicken.

AUFSTRICHE & DIPS

MEIN ♥-REZEPT

KRÄUTERQUARK

1 Bund frische Kräuter (z. B. Schnittlauch, Petersilie, Dill, Kerbel, Kresse) / ½ Zitrone / 250 g Magerquark / 50 g Sauerrahm / 100 g Schmand / 1 TL Dijon-Senf / Salz / Pfeffer

Kräuter fein hacken. Zitrone auspressen. Alle Zutaten in eine Schüssel geben und gut verrühren. Mit Salz und Pfeffer abschmecken.

 ## GUACAMOLE

2 Avocados / ½ Zitrone / 4 EL Olivenöl / 1 Schalotte / 1 Strauchtomate / Meersalz / Pul Biber

Avocados in grobe Stücke schneiden und in eine Rührschüssel geben. Zitrone darüber auspressen, Öl hineingießen und alles mit dem Stabmixer pürieren.

Schalotte fein hacken. Tomate in kleine Würfel schneiden. Beides unter die Guacamole mischen und mit Salz und Pul Biber abschmecken.

 ## TOMATEN-KAPERN-FRISCHKÄSE

250 g Frischkäse / 50 g Joghurt / 4 EL Tomatenpesto (S. 141) / 1 Strauchtomate / 3 Stiele Blattpetersilie / 1 EL Kapern Nonpareilles (im Glas) / 1 EL Kapernsud / Salz / Pfeffer

Frischkäse mit Joghurt und dem Tomatenpesto in einer Schüssel glattrühren. Tomate in kleine Würfel schneiden. Petersilie und Kapern klein hacken. Alles mit dem Kapernsud zum Frischkäse geben und verrühren. Mit Salz und Pfeffer würzig abschmecken.

 ## HUMMUS

1 Dose Kichererbsen (400 g) / 2 Knoblauchzehen / 1 Zitrone / 1 EL Tahin (Sesampaste) / 3 EL Olivenöl / 1 Pr. Chilipulver / 2 Pr. Kreuzkümmel / Salz / 3 Stiele Blattpetersilie

Kichererbsen und Knoblauchzehen in eine hohe Schüssel geben. Zitrone hineinpressen und alles mit einem Stabmixer fein pürieren. Tahin und Öl unterrühren. Mit Chilipulver, Kreuzkümmel und Salz pikant abschmecken. Petersilie fein hacken und unter den Hummus mischen.

 ## JOGHURT-MINZ-DIP

½ Salatgurke / 4 Stiele frische Minze / 1 Knoblauchzehe / 250 g Griechischer Joghurt / 50 g Sauerrahm / 1 Schuss Weißweinessig / 1 EL Olivenöl / 1 Pr. Chilipulver / Salz

Gurke in feine Streifen schneiden, Minze und Knoblauch sehr fein hacken. Alles in eine Schüssel geben, mit Joghurt, Sauerrahm, Essig und Öl vermischen und mit Chilipulver und Salz abschmecken.

GRÜNE SAUCE

 FRANKFURTER GRÜNE SAUCE

350 g Schmand / 350 g Sauerrahm / 50 ml Dickmilch / 1 TL mittelscharfer Senf / Salz / Pfeffer / 1 EL Weißweinessig / 2 EL Rapsöl / 250 g gemischte Kräuter (z. B. Borretsch, Kerbel, Kresse, Petersilie, Pimpinelle, Sauerampfer, Schnittlauch) / 5 Eier

Schmand, Sauerrahm, Dickmilch und Senf in einer Schüssel verrühren. Mit Salz, Pfeffer, Essig und Öl abschmecken. Kräuter sehr fein hacken und mit der Sauce verrühren. Eier hart kochen, in kleine Würfel schneiden und unter die Grüne Sauce rühren. Mind. 2 Std. im Kühlschrank ziehen lassen.

 SALSA VERDE

1 Handvoll Rucola / 1 Bund glatte Petersilie / 4 Stiele Minze / 1 Knoblauchzehe / 5 Sardellenfilets in Öl / 2 EL Kapern / 1 TL Senf, mittelscharf / 2 EL Weißweinessig / 6 EL Olivenöl / Salz / Pfeffer

Rucola, Petersilie und Minze grob hacken. Knoblauch vierteln. Sardellen und Kapern abtropfen lassen, in kleine Stücke schneiden. Alle Zutaten zusammen mit Senf, Essig und Öl in eine hohe Rührschüssel geben und mit dem Stabmixer pürieren. Mit Salz und Pfeffer abschmecken.

 GRÜNE KRÄUTERSAUCE

350 g Sauerrahm / 350 g Joghurt / 3 EL Rapsöl / ½ Zitrone / 250 g gemischte Kräuter (z. B. Borretsch, Kerbel, Kresse, Petersilie, Pimpinelle, Sauerampfer, Schnittlauch) / Salz / Pfeffer

Sauerrahm, Joghurt und Öl in eine hohe Rührschüssel geben. Zitrone hineinpressen. Kräuter sehr fein hacken und mit der Sauce verrühren. Alles mit dem Stabmixer pürieren und mit Salz und Pfeffer würzen. Mind. 2 Std. im Kühlschrank ziehen lassen.

 GREMOLATA

1 Bio-Zitrone / 20 g Pinienkerne / 1 Bund Petersilie / 1 Knoblauchzehe / 6 EL Olivenöl / Salz

Die Schale der Zitrone fein abreiben. Pinienkerne in einer Pfanne rösten und mit der Petersilie fein hacken. Alles in eine Schüssel geben. Die Knoblauchzehe durch eine Knoblauchpresse drücken. Alles mit Öl vermengen und mit Salz würzen.

 MOJO VERDE

20 g blanchierte Mandeln / 2 Knoblauchzehen / 1 grüne Chilischote / ½ grüne Paprika / 1 Scheibe Weißbrot / ½ Bund Petersilie / 3 Stiele Koriander / 1 Pr. Kreuzkümmel / ½ TL Salz / 3 EL Weißweinessig / 5 EL Olivenöl

Mandeln grob hacken und in einer Pfanne rösten. Knoblauch vierteln. Chili, Paprika und Brot grob schneiden. Petersilie und Koriander grob hacken.
Alle Zutaten mit Kreuzkümmel, Salz, Essig und Öl in eine hohe Schüssel geben und mit dem Stabmixer zu einer sehr feinen Paste pürieren.

MEIN ♥-REZEPT

NACH-
TISCH

JOGHURT

JOGHURTCREME MIT OBSTSALAT

400 g Joghurt (3,8 % Fett) /
2 EL Honig / 160 g Sahne /
Obstsalat (S. 182)

Joghurt mit Honig in einer
Schüssel verrühren. Sahne
steif schlagen und unterheben.
Joghurtcreme in Schalen verteilen, Obstsalat darauf verteilen.

BIRCHER MÜSLI MIT JOGHURT UND FRÜCHTEN

½ Orange / 400 g Joghurt (3,8 % Fett) /
2 EL Honig / 1 Tasse Bircher Müsli /
160 g Sahne / 400 g Früchte (z. B. Äpfel,
Bananen, Beeren, Birnen, Trauben)

Orange pressen und mit Joghurt, Honig
und Müsli in einer Schüssel verrühren.
Sahne halbsteif schlagen und unterziehen.
Früchte klein schneiden und auf dem
Müsli-Joghurt verteilen.

JOGHURTSCHAUM MIT MANDEL-PISTAZIEN-KROKANT

400 g Griechischer Joghurt /
2 EL Honig / 100 g Sahne / 30 g blanchierte Mandeln / 30 g Pistazien /
6 EL Zucker

Ein Sieb auf eine Schüssel setzen und
mit 2 Lagen Küchenpapier auslegen.
Joghurt in das Sieb geben, mit Klarsichtfolie bedecken und z. B. mit einem
Topf beschweren. 3–4 Std. (am besten
über Nacht) im Kühlschrank abtropfen
lassen. Den Joghurt mit Honig cremig
verrühren. Sahne steif schlagen und
unterheben.

Mandeln und Pistazien in einer
Pfanne rösten, mit Zucker karamellisieren und auf einem Backpapier abkühlen lassen. Krokant grob hacken
und den Joghurtschaum damit garnieren.

JOGHURT-MASCARPONE-TRIFLE

½ Vanilleschote / ½ Zitrone / 250 g Mascarpone / 250 g Joghurt (3,8 % Fett) / 80 g Rohrohrzucker / 160 g Sahne / 100 g Amarettini / 400 g Früchte (z. B. Kiwi, Datteln, Kirschen, Pfirsich, Trauben) / 50 g Zartbitter-Kuvertüre

Mark aus der Vanilleschote kratzen, Zitrone auspressen. Beides mit Mascarpone, Joghurt und Zucker mit dem Schneebesen glatt rühren. Sahne steif schlagen und unterheben. Amarettini in einer Schale zerbröseln. Früchte klein schneiden.

In Gläsern zweimal übereinander schichten: Joghurt-Mascarpone-Creme, Amarettini-Brösel und Früchte. Mit der Creme abschließen. Kuvertüre darüber raspeln.

JOGHURT-MOUSSE MIT HIMBEEREN

250 g Sahnejoghurt (10 % Fett) / 150 g Crème fraîche / 60 g Puderzucker / 1 Ei / 200 g Himbeeren / 1 Zitrone

Joghurt, Crème fraîche und 30 g Puderzucker mit dem Schneebesen verrühren. Ei trennen, Eiweiß steif schlagen und vorsichtig unter die Creme heben.

Ein Sieb auf eine Schüssel setzen und mit 2 Lagen Küchenpapier auslegen. Joghurtcreme in das Sieb geben, mit Klarsichtfolie bedecken und z. B. mit einem Topf beschweren. 3–4 Std. im Kühlschrank abtropfen lassen.

Himbeeren in eine Rührschüssel geben, Zitrone hineinpressen und 30 g Puderzucker dazugeben. Alles mit einem Stabmixer pürieren und durch ein Sieb passieren. Die Joghurt-Mousse mit dem Himbeerjus garnieren.

MEIN ♥-REZEPT

MOUSSE

 MOUSSE AU CHOCOLAT

135 g Zartbitter-Kuvertüre / 1 Ei /
10 g Vanillezucker / 10 ml Cognac /
320 g Sahne

Kuvertüre im warmen Wasserbad schmelzen.
Ei und Vanillezucker im warmen Wasserbad
cremig aufschlagen, bis die Masse das doppelte
Volumen erreicht hat. Cognac und die flüssige Kuvertüre
hinzugießen und im kalten Wasserbad so lange weiterrühren, bis
sie lauwarm ist.

Sahne steif schlagen und mit einem Schneebesen portionsweise unter die abgekühlte Schokomasse heben. Mousse in kleine
Schalen füllen und im Kühlschrank erkalten lassen.

2 WEISSE MOUSSE AU CHOCOLAT

135 ml weiße Kuvertüre / ½ Vanilleschote / 1 Ei /
10 g Vanillezucker / 10 ml Orangenlikör / 320 g Sahne /
50 g Pistazien / 20 g Zucker

Kuvertüre im warmen Wasserbad schmelzen, Mark aus der
Vanilleschote kratzen und zusammen mit dem Ei und dem
Vanillezucker im warmen Wasserbad cremig aufschlagen,
bis die Masse das doppelte Volumen erreicht hat. Likör und
die flüssige Kuvertüre hinzugießen und im kalten Wasserbad so lange weiterrühren, bis sie lauwarm ist.

Sahne steif schlagen und unter die Schokomasse heben.
Mousse in kleine Schalen füllen und im Kühlschrank erkalten lassen. Pistazien im Zerkleinerer fein mahlen, in
einer Pfanne mit dem Zucker unter Rühren karamellisieren.
Auf die Mousse streuen.

4 MARONEN-ZIMT-MOUSSE

350 g gekochte Maronen / 135 g Zartbitter-Kuvertüre /
3 EL Puderzucker / 1 Pr. Salz / 1 Pr. Zimt / 40 ml Rum /
200 g Sahne

Maronen im Zerkleinerer oder mit dem Stabmixer pürieren.
Kuvertüre im warmen Wasserbad schmelzen und unter die
Maronen heben.

Puderzucker über die Schokomasse sieben. Salz, Zimt
und Rum einrühren. Sahne steif schlagen und unterheben.
Mousse in kleine Schalen füllen und im Kühlschrank erkalten lassen.

MEIN ♥-REZEPT

3 ESPRESSO-MOUSSE

135 g Zartbitter-Kuvertüre / 1 Ei / 10 g Vanillezucker /
20 ml Espresso / 2 TL lösliches Espressopulver / 1 Msp.
gemahlener Kardamon / 320 g Sahne / 50 g Mokkabohnen

Kuvertüre im warmen Wasserbad schmelzen. Ei und
Vanillezucker im warmen Wasserbad cremig aufschlagen,
bis die Masse das doppelte Volumen erreicht hat. Espresso,
Espressopulver, Kardamon und die flüssige Kuvertüre hinzugießen und im kalten Wasserbad so lange weiterrühren,
bis sie lauwarm ist.

Sahne steif schlagen. Mokkabohnen klein hacken und
mit der Sahne portionsweise unter die Schokomasse heben.
Mousse in Gläser füllen und im Kühlschrank erkalten
lassen.

5 SCHWARZWÄLDER MOUSSE

185 g Zartbitter-Kuvertüre / 1 Ei / 10 g Vanillezucker /
20 ml Kirschwasser / 320 g Sahne / 200 g Sauerkirschen
im Glas

135 g Kuvertüre im warmen Wasserbad schmelzen. Ei und
Vanillezucker im warmen Wasserbad cremig aufschlagen,
bis die Masse das doppelte Volumen erreicht hat. 10 ml
Kirschwasser und die flüssige Kuvertüre hinzugießen und
im kalten Wasserbad so lange weiterrühren, bis sie lauwarm
ist.

Sahne steif schlagen. 50 g Kuvertüre zu kleinen Splittern
hacken und mit der Sahne portionsweise unter die Schokomasse heben. Mousse in kleine Schalen füllen und im Kühlschrank erkalten lassen. Sauerkirschen abtropfen lassen, in
einen Rührbecher füllen und mit 10 ml Kirschwasser fein
pürieren. Kirschjus auf der Mousse verteilen.

VANILLEPUDDING

VANILLEPUDDING

1 Vanilleschote / 300 ml Milch / 200 g Sahne /
4 Eier / 50 g Zucker / 40 g Mehl

Mark aus der Vanilleschote kratzen. Beides mit
Milch und Sahne aufkochen. Eier trennen. Eigelbe, Zucker und Mehl mit einem Handmixer
verquirlen und unter die kochende Milch rühren.
Die Vanilleschote entfernen.

Vanillepudding noch einmal aufkochen, dabei mit einem Teigschaber permanent am Topfboden entlang fahren. In eine Schüssel füllen und
abkühlen lassen.

BAYRISCH CREME

1 Vanilleschote / 250 ml Milch / 2 Eier / 50 g Zucker / 4 Blatt Gelatine / 250 g Sahne / ½ Bio-Orange

Mark aus der Vanilleschote kratzen, beides mit der Milch aufkochen.
Eier trennen. Eigelbe und Zucker im Wasserbad schaumig rühren, die
heiße Milch hinzugießen und bei schwacher Hitze so lange schlagen,
bis die Creme eindickt.

Gelatine ca. 5 Min. in kaltem Wasser einweichen und zu der Creme
geben. Creme nun im kalten Wasserbad rühren, bis sie abgekühlt ist.
Sahne steif schlagen. Sobald die Creme zu stocken beginnt, die Sahne
unterziehen. In eine Schüssel umfüllen. Orangenschale abreiben und
über die Creme streuen.

MEIN ♥-REZEPT

GRIESSPUDDING

½ Vanilleschote / 300 ml Milch / 20 g Butter / 60 g Hartweizengrieß / 1 Ei / 1 Pr. Salz / 50 g Zucker

Mark aus der Vanilleschote kratzen. Beides mit Milch und Butter aufkochen. Grieß hinzufügen und bei milder Hitze unter Rühren 5 Min. quellen lassen.

Ei trennen. 3 EL heiße Puddingcreme mit dem Eigelb in einer kleinen Schüssel verquirlen, zurück in den Topf gießen und umrühren. Eiweiß mit dem Salz steif schlagen, nach und nach den Zucker einrühren und unter den Pudding heben.

SCHWARZWÄLDER KIRSCH IM GLAS

½ Glas Sauerkirschen / 2 EL Kirschwasser / 1 TL Maisstärke / 8 Schoko-Cookies / Vanillepudding / 50 g Zartbitter-Kuvertüre

Kirschen abtropfen lassen, dabei den Saft auffangen. In einem kleinem Topf die Kirschen mit 4 EL Saft und Kirschwasser erhitzen. Maisstärke mit 2 EL Saft glatt rühren und hinzugießen. Unter Rühren aufkochen. Schoko-Cookies in einer Schale zerbröseln.

In Gläsern zweimal übereinander schichten: Vanillepudding, Cookie-Brösel und Kirschen. Mit dem Pudding abschließen. Kuvertüre raspeln und darüber geben.

CREMA CATALANA

1 Vanilleschote / 300 ml Milch / 2 Pr. Salz / 4 Eier / 50 g Zucker / 25 g Stärke / ½ Bio-Zitrone / 3 EL Zucker / 2 TL Zimt

Mark aus der Vanilleschote kratzen. Beides mit Milch und Salz aufkochen. 2 Eier trennen. Die Eigelbe mit 2 weiteren Eiern, Zucker und Stärke schaumig schlagen und zu der heißen Vanillemilch in den Topf rühren. Zitronenschale darüber abreiben. Die Creme unter ständigem Rühren erwärmen, bis sie eindickt.

Creme in ofenfeste Förmchen gießen und ca. 3 Std. kalt stellen. Mit Zucker und Zimt bestreuen und mit einem Gasbrenner karamellisieren.

MILCHREIS

MILCHREIS MIT ZUCKER UND ZIMT

1 l Milch / 250 g Rundkornreis / 1 Pr. Salz / 1 Vanilleschote /
6 EL Zucker / 2 TL Zimt

Milch in einen Topf gießen, den Reis einstreuen und umrühren. Salz hinzugeben. Das Mark aus der Vanilleschote kratzen und beides in den Topf geben. Alles unter Rühren aufkochen und zugedeckt bei milder Hitze 25–30 Min. garen. Ab und zu umrühren.

Vanilleschote entfernen und 3 EL Zucker hinzufügen. Weitere 3 EL Zucker mit dem Zimt mischen und über den Milchreis streuen.

REIS TRAUTTMANSDORFF

1 Glas Sauerkirschen (350 g) /
1 EL Kirschwasser / 300 g Sahne /
1 EL Zucker / 250 g Milchreis /
50 g Zartbitter-Kuvertüre

Sauerkirschen mit Kirschwasser mind. 1 Std. marinieren. Sahne zuckern, steif schlagen und unter den Milchreis geben. Abwechselnd mit den Sauerkirschen in einer Schale schichten. Kuvertüre hobeln und über den Milchreis streuen.

MILCHREIS MIT BIRNENKOMPOTT

4 Birnen / ½ Zitrone / 50 g Butter / 75 g Rohrohrzucker /
½ Vanilleschote / 200 ml Weißwein / 250 g Milchreis

Birnen in 1 cm große Würfel schneiden und in eine Schüssel füllen.
Zitrone darüber auspressen. Butter mit Zucker in einer Pfanne bei
niedriger Hitze schmelzen. Vanilleschote auskratzen, Mark und
Schote mit den Birnen in die Pfanne geben. Mit Wein ablöschen
und zugedeckt 10 Min. köcheln lassen. Vanilleschote entfernen
und den Birnenkompott über den Milchreis verteilen.

MILCHREIS MIT ROTER GRÜTZE UND PISTAZIEN

100 g Zucker / 50 g Pistazien / 75 ml Rotwein / 200 ml Jo-
hannisbeersaft / 1 Zimtstange / 1 EL Stärke / 500 g Beeren (z. B. Himbeeren, Brombeeren, Johannisbeeren,
Heidelbeeren, Erdbeeren) / 250 g Milchreis

50 g Zucker in einem Topf karamellisieren. Pistazien grob
hacken, hinzufügen und verrühren. Den Crunch auf einem
Kuchengitter mit Backpapier auskühlen lassen.

50 g Zucker in einem Topf hellbraun karamellisieren.
Mit Wein ablöschen. Saft und Zimtstange hinzufügen und
den Sud etwas einkochen. Stärke mit 2 EL Wasser anrühren,
in den Topf gießen und unter Rühren aufkochen. Beeren
unterheben. Zimtstange entfernen und die Rote Grütze auf
dem Milchreis verteilen, Pistazien darüber streuen.

GEBACKENER MILCHREIS MIT ZIMTÄPFELN

2 Äpfel / 5 EL Zucker / 2 TL Zimt / ½ Zitrone / 2 Eier /
1 Pr. Salz / 3 EL Butter / 250 g Milchreis / 50 g Mandelblättchen

Äpfel in Spalten schneiden, mit 3 EL Zucker und Zimt
bestreuen. Zitrone darüber auspressen. Eier trennen. Eiweiß
mit einem Handmixer steif schlagen. Dabei 2 EL Zucker
und Salz einrieseln lassen. Eigelbe mit 2 EL Butter ca. 5 Min.
cremig rühren. Eischnee, Eiercreme und die Äpfel unter den
lauwarmen Milchreis rühren.

Milchreis in eine eingefettete Auflaufform geben. Die
andere Hälfte der Äpfel, Mandelblättchen und 1 EL Butter
in Flocken darauf verteilen. Im heißen Ofen bei 180 °C
25 – 30 Min. backen.

MEIN ♥-REZEPT

TIRAMISU

ITALIENISCHES TIRAMISU

350 ml Espresso / 2 cl Amaretto / 4 Eigelb / 100 g Puderzucker /
450 g Mascarpone / 250 g Löffelbiskuits / 2 EL Kakao

Espresso kochen, in einer flachen Schale auskühlen lassen und mit
Amaretto mischen. Eigelb mit Puderzucker aufschlagen, bis eine
dicke, weiße Creme entsteht. Mascarpone glatt rühren und vorsichtig unterheben.

Die Hälfte der Löffelbiskuits in den Espresso tauchen und den
Boden einer Auflaufform damit auslegen. Die Hälfte der Creme
darüber streichen. Dann eine zweite Schicht Biskuits und Creme
draufgeben. Tiramisu mit Klarsichtfolie abgedeckt 3 Std. im Kühlschrank ziehen lassen. Mit Kakaopulver bestäuben.

MEIN ♥-REZEPT

ERDBEER-TIRAMISU MIT AMARETTINI

½ Zitrone / 500 g Mascarpone / 250 g Magerquark / 100 g Zucker / 200 g Sahne / 2 Eiweiß /
500 g Erdbeeren / 150 ml Orangensaft /
2 cl Orangenlikör (z. B. Grand Marnier) /
250 g Amarettini

Zitrone auspressen und Saft mit Mascarpone,
Quark und Zucker cremig rühren. Sahne und Eiweiß getrennt voneinander steif schlagen. Beides
vorsichtig unter die Creme heben. Erdbeeren
in Scheiben schneiden. Orangensaft mit Likör
mischen.

Übereinander in eine Auflaufform schichten:
125 g Amarettini, 75 ml Orangensaft, ⅓ Creme,
350 g Erdbeeren, ⅓ Creme, 125 g Amarettini,
75 ml Orangensaft und ⅓ Creme.

150 g Erdbeeren auf der Creme verteilen.
Tiramisu mit Klarsichtfolie abgedeckt 3 Std.
im Kühlschrank ziehen lassen. Mit Amarettini-
Bröseln dekorieren.

BRATAPFEL-NUSS-TIRAMISU

500 g säuerliche Äpfel / 125 ml Dessertwein (z. B. Vin Santo) / ½ Bio-Zitrone / 1 EL Zucker / 3 EL Zimt / 1 EL Butter / 2 EL Puderzucker / 80 g Walnusskerne / 250 g Mascarpone / 100 g Sahne / 250 g Löffelbiskuits

Äpfel halbieren und mit der Schnittfläche nach unten in eine Auflaufform legen. Wein hinzugießen. Zitronenschale darüber reiben. Zucker, 1 EL Zimt und Butter dazugeben und alles im Ofen bei 180 °C 15–20 Min. backen. Danach mit einer Gabel zu Kompott verarbeiten.

Puderzucker in einer beschichteten Pfanne zum Schmelzen bringen. Nüsse darin rösten, 1 EL Zimt unterrühren. Alles auf ein Backpapier gießen und abkühlen lassen. Im Mörser grob zerstoßen und in einer Schüssel mit Mascarpone verrühren. Sahne steif schlagen und unterheben.

Löffelbiskuits, Apfelkompott (samt Sud) und Creme in 2 Schichten in eine Auflaufform geben. Tiramisu 3 Std. kalt stellen. Mit 1 EL Zimt bestäuben.

ALKOHOLFREIES TIRAMISU

150 ml Espresso / 250 g Löffelbiskuits / 500 g Mascarpone / 100 g Puderzucker / 400 g Sahne / 2 EL Kakao

Espresso kochen, abkühlen lassen und die Löffelbiskuits eintauchen. Mascarpone und Puderzucker verrühren. Sahne steif schlagen und unter den Mascarpone heben.

Löffelbiskuits und Creme in zwei Schichten in eine Auflaufform geben. Tiramisu mit Klarsichtfolie abgedeckt 3 Std. im Kühlschrank ziehen lassen. Mit Kakaopulver bestäuben.

SCHOKO-ORANGEN-TIRAMISU

6 Schoko-Muffins (S. 170) / 2 Orangen / 50 ml Orangenlikör (z. B. Grand Marnier) / ½ Zitrone / 250 g Mascarpone / 250 g Magerquark / 50 g Zucker / 1 Pck. Vanillezucker / 200 ml Orangensaft

Schoko-Muffins zubereiten. Orangen schälen, filetieren und in Likör marinieren. Zitrone auspressen und mit Mascarpone, Quark, Zucker, Vanillezucker und 120 ml Orangensaft zu einer glatten Creme verrühren.

Schoko-Muffins horizontal in je 3 Scheiben schneiden und mit 80 ml Orangensaft beträufeln. Muffins, Creme und Orangen in 3 Schichten in Gläser geben.

Das Dessert mit Klarsichtfolie abgedeckt 3 Std. im Kühlschrank ziehen lassen.

TARTE

APFEL-WALNUSS-TARTE

1 Ei / 130 g Mehl / 40 g gemahlene Walnüsse / 50 g Zucker /
110 g Butter / 1 Pr. Salz / 100 g Marzipanrohmasse / 2 EL Rum /
4 Äpfel / 30 g gehackte Walnüsse / 2 TL Zimt / 2 EL Aprikosen-
konfitüre

Ei trennen. Eigelb mit Mehl, Nüssen, Zucker, Butter und Salz
verkneten und in Frischhaltefolie gewickelt 30 Min. in den
Kühlschrank legen. Tarteformen buttern und mehlen. Teig auf
der bemehlten Arbeitsfläche 2 – 3 mm dünn ausrollen, in die
Formen drücken und überstehenden Rand abtrennen. Böden
mit einer Gabel mehrmals einstechen.

    Marzipan zerkleinern, mit Rum und Eiweiß verkneten und
auf dem Teig verteilen. Äpfel in dünne Scheiben hobeln, eng
gefächert auf das Marzipan legen und mit Nüssen und Zimt bestreuen. Tartes im Ofen bei 170 °C 25 – 30 Min. backen. Konfitüre
mit etwas Wasser in einem kleinen Topf erwärmen und die Tartes
damit glasieren.

BLAUBEER-KÄSE-TARTE

3 Eier / 170 g Mehl / 110 g Butter / 50 g Puderzucker / 1 Pr. Salz / 1 Bio-
Zitrone / ½ Vanilleschote / 200 g Magerquark / 250 g Schmand / 40 g Weich-
weizengrieß / 100 g Rohrohrzucker / 600 g Blaubeeren

Eier trennen. 1 Eigelb mit Mehl, Butter, Puderzucker und Salz verkneten und in
Frischhaltefolie gewickelt 30 Min. in den Kühlschrank legen. Tarteformen buttern
und mehlen. Teig auf der bemehlten Arbeitsfläche 2 – 3 mm dünn ausrollen, in
die Formen drücken und überstehenden Rand abtrennen. Böden mit einer
Gabel mehrmals einstechen.

    Zitronenschale abreiben. Mark aus der Vanilleschote kratzen.
Beides mit Quark, Schmand, Grieß, 2 Eigelben und Zucker verrühren
und auf die Teigböden streichen. Beeren auf der Creme verteilen.
Im Ofen bei 170 °C 30 – 35 Min. backen.

MEIN ♥ -REZEPT

ZITRONENTARTE

5 Eier / 170 g Mehl / 290 g Butter / 200 g Zucker / 1 Pr. Salz / 4 Bio-Zitronen

1 Ei trennen. Eigelb mit Mehl, 110 g Butter, 50 g Zucker und Salz verkneten und in Frischhaltefolie gewickelt 30 Min. in den Kühlschrank legen. Zitronenschale abreiben, Saft auspressen. Beides mit 4 Eiern und 150 g Zucker in einer Schüssel im heißen Wasserbad cremig aufschlagen. 180 g Butter nach und nach einrühren, bis die Masse cremig ist. Abkühlen lassen.

Tarteformen buttern und mehlen. Teig 2–3 mm dünn ausrollen, in die Formen drücken und Böden mit einer Gabel mehrmals einstechen. Im Ofen bei 170 °C 12 Min. vorbacken, etwas abkühlen lassen. Zitronencreme auf den Tortenboden füllen und 20 Min. fertig backen.

SCHOKOLADENTARTE

1 Ei / 140 g Mehl / 30 g Kakao / 160 g Butter / 80 g Zucker / 1 Pr. Salz / 300 g Sahne / 200 g Zartbitter-Kuvertüre / 50 ml Himbeergeist

Ei trennen. Eigelb mit Mehl, Kakao, 110 g Butter, 50 g Zucker und Salz verkneten und in Frischhaltefolie gewickelt 30 Min. in den Kühlschrank legen. Tarteformen buttern und mehlen. Teig 2–3 mm dünn ausrollen und in die Formen drücken. Böden mit einer Gabel mehrmals einstechen. Im Ofen bei 170 °C 25 Min. backen.

Sahne mit 30 g Zucker in einem Topf aufkochen. Kuvertüre hacken und mit 50 g Butter hinzugeben. Mit dem Schneebesen verrühren, bis alles geschmolzen ist. Himbeergeist unterrühren. Schokoladencreme auf den Teig gießen und ca. 2 Std. auskühlen lassen.

ERDBEER-VANILLE-TARTE

1 Ei / 130 g Mehl / 40 g gemahlene Mandeln / 110 g Butter / 50 g Puderzucker / 1 Pr. Salz / 100 g Zartbitter-Kuvertüre / 200 g Vanillepudding (S. 160) / 500 g Erdbeeren / 1 EL gemahlene Pistazien

Ei trennen. Eigelb mit Mehl, Mandeln, Butter, Zucker und Salz verkneten und in Frischhaltefolie gewickelt 30 Min. in den Kühlschrank legen. Tarteformen buttern und mehlen. Teig 2–3 mm dünn ausrollen und in die Formen drücken. Böden mit einer Gabel mehrmals einstechen. Im Ofen bei 170 °C 25 Min. goldbraun backen.

Kuvertüre im heißen Wasserbad schmelzen, in die Tartes gießen, abkühlen lassen. Vanillepudding darauf verteilen. Beeren halbieren, auf die Creme legen und mit Pistazien bestreuen.

CRUMBLE

APPLE CRUMBLE

½ Vanilleschote / 150 g Mehl / 75 g Butter /
75 g Zucker / 3 kleine Äpfel (z. B. Elstar, Braeburn,
Boskop) / ½ Zitrone / 1 EL Rosinen / 25 g Rohrohrzucker / 1 TL Zimt / 1 EL Rum / 30 g gehackte Mandeln

Das Mark aus der Vanilleschote kratzen und mit Mehl, Butter
und Zucker in einer großen Schüssel mit den Händen zu Streuseln vermengen.

Äpfel klein würfeln und in eine Schüssel geben. Zitrone darüber auspressen.
Rosinen, Rohrzucker, Zimt und Rum hinzufügen. Mandeln in einer Pfanne
goldbraun rösten und mit den anderen Zutaten gut vermischen.

Ofenfeste Förmchen mit Butter einfetten, die Apfelmasse hineinfüllen
und die Streusel darüber verteilen. Crumbles im Ofen bei 180 °C ca. 25 Min.
goldbraun backen.

KIRSCH-SCHOKO-CRUMBLE

½ Vanilleschote / 20 g Kakaopulver / 125 g Mehl /
100 g Zucker / 100 g Butter / 1 Pr. Salz / 30 g ungesal-
zene Erdnüsse / 1 Glas Sauerkirschen / ½ Orange /
Fleur de Sel

Mark aus der Vanilleschote kratzen und mit Kakao,
Mehl, 80 g Zucker, Butter, Salz und 1 EL Wasser in
einer Schüssel mit den Händen zu groben Streuseln
verarbeiten. Die Erdnüsse grob hacken und in einer
Pfanne rösten.

Kirschen über einem Sieb abtropfen lassen und
in eine Schüssel füllen. Die Orange darüber auspressen, 20 g Zucker hinzugeben und alles vermischen.

Ofenfeste Förmchen mit Butter einfetten, die
Kirschen hineinfüllen und die Streusel und Erdnüsse darüber verteilen. Mit Fleur de Sel bestreuen.
Crumbles im Ofen bei 180 °C ca. 30 Min. goldbraun
backen.

SOMMERBEEREN-CRUMBLE

75 g blanchierte Mandeln / 150 g Mehl / 110 g Butter / 100 g Zucker / ½ Vanilleschote / ½ Orange / 400 g gemischte Beeren / 25 g Rohrohrzucker / 30 g Mandelblättchen / 1 EL Orangenlikör (z. B. Cointreau)

Mandeln fein hacken und mit Mehl, Butter und Zucker in einer großen Schüssel mit den Händen zu Streuseln vermengen. Mark aus der Vanilleschote kratzen, Saft aus Orange auspressen. Beides mit den Beeren, Zucker, Mandelblättchen und dem Orangenlikör mischen.

Ofenfeste Förmchen mit Butter einfetten, die Beerenmasse hineinfüllen und die Streusel darüber verteilen. Crumbles im Ofen bei 180 °C ca. 25 Min. goldbraun backen.

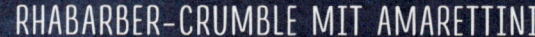

RHABARBER-CRUMBLE MIT AMARETTINI

½ Vanilleschote / 150 g Mehl / 75 g Butter / 75 g Zucker / 3 Stangen Rhabarber / ½ Zitrone / 25 g Rohrohrzucker / 1 TL Zimt / 1 EL Mandellikör (z. B. Amaretto) / 30 g Amarettini

Das Mark aus der Vanilleschote kratzen und mit Mehl, Butter und Zucker in einer großen Schüssel mit den Händen zu Streuseln vermengen. Rhabarber klein würfeln, Saft aus Zitrone pressen. Beides mit Zucker, Zimt und Amaretto vermischen. Amarettini mit den Händen grob darüber bröseln und untermischen.

Ofenfeste Förmchen mit Butter einfetten, die Rhabarbermasse hineinfüllen und die Streusel darüber verteilen. Crumbles im Ofen bei 180 °C ca. 25 Min. goldbraun backen.

ZWETSCHGEN-CRUMBLE MIT MARZIPANSTREUSELN

100 g Marzipanrohmasse / ½ Bio-Zitrone / 150 g Mehl / 100 g Butter / 75 g Zucker / 30 g Amarettini / 65 ml Rotwein / 35 g Rohrohrzucker / ½ TL Zimt / 1 Pr. gemahlene Nelken / ½ Orange / 1 EL Speisestärke / 500 g Zwetschgen (alternativ Pflaumen)

Marzipan grob raspeln, Zitronenschale abreiben. Beides mit Mehl, Butter und Zucker in einer Schüssel mit den Händen zu groben Streuseln verarbeiten. Amarettini grob darüber bröseln und untermischen.

Rotwein mit Rohrohrzucker, Zimt und Nelken aufkochen. Zitrone und Orange auspressen. Stärke mit beiden Säften glatt rühren, in den Rotwein gießen und aufkochen. Zwetschgen halbieren und untermischen.

Ofenfeste Förmchen mit Butter einfetten, die Zwetschgen hineinfüllen und die Streusel darüber verteilen. Crumbles im Ofen bei 180 °C ca. 30 Min. goldbraun backen.

MEIN ♥-REZEPT

MUFFINS

 ## BLAUBEER-MUFFINS

2 Eier / 100 g weiche Butter / 175 g Zucker / 1 Pck. Vanillezucker / 1 Pr. Salz / 150 ml Buttermilch / 250 g Mehl / 2 TL Backpulver / 200 g Blaubeeren / 4 EL Puderzucker

Eier, Butter, Zucker, Vanillezucker und Salz 3 Min. verrühren, dabei die Buttermilch hineingießen, Mehl und Backpulver nach und nach unterrühren, bis ein glatter Teig entsteht. Die Blaubeeren unterheben.

Die Mulden eines Muffinblechs mit Papierbackförmchen auslegen und den Teig portionsweise einfüllen. Muffins im Ofen bei 170 °C auf der mittleren Schiene ca. 25 Min. backen.

Auf einem Kuchengitter abkühlen lassen und vor dem Verzehr mit Puderzucker bestreuen.

 ## APFEL-NUSS-MUFFINS

2 Äpfel / 4 EL Rum / 50 g gehackte Haselnüsse / 1 Vanilleschote / 100 g Butter / 2 Eier / 100 g Zucker / 200 ml Milch / 1 Pr. Salz / 200 g Mehl / 1 TL Backpulver / 1 TL Zimt / 4 EL Puderzucker

Äpfel in kleine Würfel schneiden, mit 2 EL Rum mischen. Nüsse rösten. Mark aus Vanilleschote kratzen. Butter schmelzen und mit Eiern, Zucker, Milch, Salz und 2 EL Rum in einer Rührschüssel mixen. Mehl mit Backpulver und Zimt über die Buttermasse sieben und vermischen. Zuletzt Äpfel, Nüsse und Vanillemark unterheben.

Die Mulden eines Muffinblechs mit Papierbackförmchen auslegen und den Teig portionsweise einfüllen. Muffins im Ofen bei 180 °C 25–30 Min. goldbraun backen. Auf einem Kuchengitter abkühlen lassen und vor dem Verzehr mit Puderzucker bestäuben.

 ## ZITRONEN-CUPCAKES MIT FRISCHKÄSE-TOPPING

2 Bio-Zitronen / 2 Eier / 200 g Butter / 150 g Zucker / 200 g Mehl / 1 TL Backpulver / 200 g Frischkäse / 2 EL Puderzucker / 100 g Sahne / 1 EL gemahlene Pistazien

Die Zitronenschale abreiben, den Saft auspressen. Eier, Butter und Zucker in einer Rührschüssel 3 Min. schaumig rühren. Nach und nach Mehl, Backpulver und die Hälfte vom Zitronensaft und Abrieb unterrühren.

Die Mulden eines Muffinblechs mit Papierbackförmchen auslegen und den Teig portionsweise einfüllen. Muffins im Ofen bei 180 °C 20–25 Min. backen und auf einem Kuchengitter abkühlen lassen.

Frischkäse mit Puderzucker, der zweiten Hälfte vom Zitronensaft und dem Abrieb glatt rühren. Sahne steif schlagen und unterziehen. Die Creme in einen Spritzbeutel mit Sterntülle füllen und die Cupcakes damit verzieren. Mit Pistazien bestreuen.

 ## SCHOKO-MUFFINS

200 g Mehl / 2 TL Backpulver / 50 g Kakao / 100 g Zucker / 1 Pck. Vanillezucker / 130 g weiche Butter / 2 Eier / 5 EL Milch / 50 g Schokoraspeln / 2 EL gemahlene Mandeln

Mehl, Backpulver, Kakao, Zucker und Vanillezucker in einer Rührschüssel mischen. 130 g Butter und Eier hinzugeben und alles zu einem glatten Teig verrühren. Milch und Schokoraspel unter den Teig heben.

Die Mulden eines Muffinblechs mit Papierbackförmchen auslegen und den Teig portionsweise einfüllen. Muffins im Ofen auf der mittleren Schiene bei 160 °C 15–20 Min. backen. Auf einem Kuchengitter abkühlen lassen.

5 MÖHREN-MANDEL-MUFFINS

2 Eier / 125 g Zucker / 1 Pr. Salz / ½ TL Zimt / 1 Pr. Muskat / 1 Pr. Nelken / 125 ml Rapsöl / 175 g Mehl / 125 g gemahlene Mandeln / ½ Pck. Backpulver / 200 g Möhren / 100 g Puderzucker / ½ Zitrone / ½ Bio-Orange

Eier, Zucker, Salz und Gewürze mit dem Mixer 3 Min. schaumig schlagen. Erst das Öl, dann Mehl, Mandeln und Backpulver unterrühren. Möhren fein raspeln und unterheben.

Mulden eines Muffinblechs mit Papierförmchen auslegen, den Teig portionsweise einfüllen. Muffins im Ofen bei 150 °C 20–25 Min. backen und auf einem Kuchengitter abkühlen lassen.

Puderzucker in eine kleine Schüssel sieben. Zitrone hineinpressen, beides zu einem Guss verrühren und die Muffins damit bestreichen. Orangenschale darüber reiben.

MEIN ♥-REZEPT

171

BLECHKUCHEN

1 MANDEL-KNUSPER-KUCHEN

200 g Sahne / 350 g Zucker / 2 Pck. Vanillezucker /
4 Eier / 400 g Mehl / ½ Pck. Backpulver / 125 g Butter / 4 EL Milch / 300 g Mandelblättchen

Sahne mit 200 g Zucker, 1 Pck. Vanillezucker und den Eiern mit einem Handmixer schaumig schlagen. Mehl und
Backpulver unter die Eiermasse rühren. Ein tiefes Backblech einfetten und mit Mehl bestreuen. Teig darauf verteilen. Im Ofen auf mittlerer Schiene bei 180 °C 15 Min.
backen.

Für den Belag Butter in einem Topf zum Schmelzen
bringen, 150 g Zucker, 1 Pck. Vanillezucker, Milch und
Mandeln dazugeben und aufkochen lassen. Mandel-
masse auf dem gebackenen Teig verteilen. Im Ofen
10 – 15 Min. backen.

3 APFEL-STREUSELKUCHEN

650 g Mehl / 1 TL Backpulver / 300 g Zucker /
325 g Butter / 1 Pck. Vanillezucker / 2 Eier / 1,5 kg
säuerliche Äpfel (z. B. Elstar, Braeburn, Boskop) /
½ Zitrone / 1 TL Zimt / 1 EL gehackte Mandeln /
½ Vanilleschote

400 g Mehl und Backpulver in eine große Schüssel geben. Zusammen mit 175 g Zucker, 200 g Butter, Vanillezucker und Eier zu einem glatten Teig verkneten. Ein
tiefes Backblech einfetten, mit Mehl bestreuen und den
Teig darauf verteilen.

Äpfel in Schnitze schneiden, Zitrone auspressen.
Saft und Äpfel vermischen und auf dem Teig verteilen.
Mit Zimt und Mandeln bestreuen. Das Mark aus der
Vanilleschote kratzen, mit 250 g Mehl, 125 g Zucker und
125 g Butter verkneten und als grobe Streusel auf die
Äpfel geben. Im Ofen auf mittlerer Schiene bei 180 °C
45 Min. goldbraun backen.

2 MÖHRENKUCHEN MIT FRISCHKÄSE-TOPPING

6 Eier / 300 g Rohrohrzucker / 370 ml Rapsöl /
340 g Vollkornmehl / 1 Pck. Backpulver / 2 TL Zimt /
½ TL Muskat / 470 g Möhren / 90 g gehackte Mandeln / 2 EL gemahlene Mandeln / ½ Bio-Zitrone /
400 g Frischkäse / 120 g Butter / 120 g Puderzucker

Eier, Zucker und Öl mit einem Handmixer verrühren.
Mehl, Backpulver, Zimt und Muskat hinzugeben. Möhren raspeln, gehackte Mandeln in einer Pfanne rösten,
beides unterrühren.

Ein tiefes Backblech fetten und mit den gemahlenen Mandeln ausstreuen. Teig darauf verteilen und im
Ofen bei 160 °C 45 – 50 Min. backen. Zitrone abreiben
und auspressen, Abrieb und Saft mit Frischkäse, Butter
und Puderzucker verrühren. Kuchen mit der Frischkäse-
masse bestreichen und mind. 1 Std. kalt stellen.

4 ZITRONENKUCHEN MIT GUSS

4 Bio-Zitronen / 200 g Butter / 400 g Zucker /
1 Pr. Salz / 6 Eier / 300 g Mehl / 2 TL Backpulver /
2 EL gemahlene Mandeln / 300 g Puderzucker

Schale von 2 Zitronen fein abreiben, Saft aller Zitronen
auspressen und beiseite stellen. Zitronenschale mit Butter, 200 g Zucker und Salz mit dem Handmixer 8 Min.
cremig rühren. Erst Eier, dann Mehl und Backpulver
unterrühren.

Ein tiefes Backblech fetten und mit Mandeln bestreuen. Teig darauf geben, glatt streichen und im Ofen
bei 170 °C auf mittlerer Schiene 35 – 40 Min. backen.

200 g Zucker, 120 ml Wasser und eine Hälfte des
Zitronensafts in einem Topf unter Rühren 5 Min. einkochen lassen. Den gebackenen Kuchen mit dem Sirup
tränken. Puderzucker mit der anderen Hälfte des Zitronensafts verrühren. Guss auf den Kuchen streichen.

5 PFLAUMEN-SCHMAND-KUCHEN

400 g Mehl / 250 g Zucker / 6 Eier / 200 g Butter / 1 Pck. Vanillezucker / ½ TL Backpulver / 1,5 kg Pflaumen (alternativ Zwetschgen) / 1 TL Zimt / 2 EL Rohrohrzucker / ½ Vanilleschote / 400 g Schmand / 400 g Sauerrahm / 400 g Magerquark

Mehl, 170 g Zucker, 2 Eier, Butter, Vanillezucker und Backpulver in einer großen Schüssel zu einem glatten Teig verkneten. Ein tiefes Backblech fetten, mit Mehl bestreuen und den Teig darauf verteilen. Pflaumen halbieren, auf dem Teig verteilen. Mit Zimt und Zucker bestreuen und im Ofen bei 160 °C auf der mittleren Schiene 30 Min. backen.

Mark aus der Vanilleschote kratzen und mit 4 Eiern, 80 g Zucker und den übrigen Zutaten in einer Schüssel mit dem Handmixer verrühren. Belag auf dem gebackenen Kuchen verteilen und bei 160 °C im Ofen 15–20 Min. fertig backen.

ARMER RITTER

SÜSSER RITTER

1 Stiel Minze / 1 Limette / 150 g Crème fraîche / 1 EL Zucker / 250 g Blaubeeren / 100 ml Ahornsirup / 8 Arme Ritter (mit Butter-Brioche statt mit Toast zubereitet)

Minzblätter in feine Streifen schneiden. Limette zur Hälfte abreiben und auspressen. Minze, Limettensaft und Abrieb mit Crème fraîche in einer Schüssel vermengen und mit etwas Zucker abschmecken. Blaubeeren mit Ahornsirup vermengen und über die Armen Ritter geben. Mit einem Klecks Crème fraîche garnieren.

ARMER RITTER

½ Vanilleschote / 2 Eier / 200 ml Milch / 170 g Zucker / 1 Pr. Salz / 20 g Zimt / 2 EL Sonnenblumenöl / 8 Scheiben Toastbrot / 50 g Butter

Mark aus der Vanilleschote kratzen und mit Eiern, Milch, 90 g Zucker und Salz in einer breiten Schüssel verrühren. 80 g Zucker mit Zimt mischen und auf einen Teller geben. Einen weiteren Teller mit Küchenpapier auslegen.

Eine große Pfanne vorheizen, Öl hineingießen. Brote in die Eiertunke tauchen, kurz abtropfen lassen und in der Pfanne ausbraten. Wenn die erste Seite goldgelb ist, wenden und ein kleines Stück Butter dazugeben. Kurz bevor die zweite Seite goldgelb ist, etwas Zucker in die Pfanne geben und die Brote schwenken. Noch einmal wenden und kurz fertig braten. Auf dem Küchenpapier abtropfen lassen und im Zimt-Zucker-Bad wälzen.

FRANZ-RITTER

150 ml Milch / 2 Eier / Kräuter (z. B. Basilikum, Petersilie, Thymian, Schnittlauch) / Salz / Pfeffer / 8 Scheiben Toast / 200 g Aprikosenmarmelade / 400 g Brie / 100 g Rucola / 2 EL Sonnenblumenöl / Butter

Milch, Eier, Kräuter, Salz und Pfeffer in einer breiten Schüssel verrühren. Einen Teller mit Küchenpapier auslegen. Toastscheiben paarweise bereitlegen. Jeweils die eine mit Aprikosenmarmelade bestreichen und die andere mit Brie belegen. Rucola auf der Marmelade verteilen. Beide Scheiben zusammenklappen.

Eine große Pfanne vorheizen, Öl hineingießen. Brote in die Eiertunke tauchen, kurz abtropfen lassen und in der Pfanne bei mittlerer Hitze braten. Wenn die erste Seite angebräunt ist, Brot wenden und ein kleines Stück Butter dazugeben. Auf dem Küchenpapier abtropfen lassen.

SPECK-RITTER

150 ml Milch / 2 Eier / Kräuter (z. B. Basilikum, Petersilie, Thymian, Schnittlauch) / Salz / Pfeffer / 2 EL Sonnenblumenöl / 4 Scheiben Graubrot / 8 Scheiben Bacon / 50 g Butter / 1 Limette / 1 Zwiebel / 50 ml Aceto Balsamico / 130 ml Olivenöl / 1 EL Senf / 500 g Feldsalat / 8 Walnüsse / 1 EL Butter / 4 Stück Picandou

Milch, Eier, Kräuter, Salz und Pfeffer in einer breiten Schüssel verrühren. Einen Teller mit Küchenpapier auslegen.

Eine große Pfanne vorheizen, Sonnenblumenöl hineingießen. Brote in die Eiertunke tauchen, kurz abtropfen lassen, mit je 2 Scheiben Bacon belegen und in der Pfanne braten. Wenn die erste Seite angebräunt ist, Brot mit dem Bacon wenden und ein kleines Stück Butter dazugeben. Auf dem Küchenpapier abtropfen lassen.

Limette auspressen und den Saft mit Zwiebel, Essig, Olivenöl, Senf, Kräutern, Salz und Pfeffer in eine Schüssel geben. Alles mit einem Stabmixer zu einer Vinaigrette pürieren und mit dem Salat vermischen. Walnüsse zerstoßen und in der Pfanne rösten. Picandou grob zerbröseln. Beides über den Salat streuen.

RITTER DER POMMESTÜTE

1 Vanilleschote / 2 Eier / 200 ml Milch / 170 g Zucker / 1 Pr. Salz / 20 g Zimt / 2 EL Sonnenblumenöl / 8 Scheiben Toastbrot / 50 g Butter / 250 g Erdbeeren / 200 g Quark

Mark aus der Vanilleschote kratzen, die halbe Menge davon mit Eiern, Milch, 90 g Zucker und Salz in einer breiten Schüssel verrühren. 80 g Zucker mit Zimt mischen und auf einen Teller geben. Einen weiteren Teller mit Küchenpapier auslegen.

Eine große Pfanne vorheizen, Öl hineingießen. Toast in Streifen schneiden, in die Eiertunke tauchen, kurz abtropfen lassen und in der Pfanne ausbraten. Dabei gelegentlich schwenken. Kurz bevor das Toast goldgelb ist, ein kleines Stück Butter dazugeben und die Pommes mit Zucker karamellisieren. Auf dem Küchenpapier abtropfen lassen und im Zimt-Zucker-Bad wälzen.

Die Erdbeeren, etwas Zucker und die andere Hälfte des Vanillemarks mit einem Stabmixer pürieren und mit dem Quark zu einem Dip vermengen.

MEIN ♥-REZEPT

KAISERSCHMARRN

1 KAISERSCHMARRN

100 g Rosinen / 5 EL Rum / ½ Vanilleschote / 60 g Butter / 6 Eier / 60 g Zucker / 1 Pr. Salz / 250 g Mehl / 500 ml Milch / 3 EL Mandelblättchen / 4 TL Puderzucker

Rosinen 30 Min. in Rum einlegen. Mark aus der Vanilleschote kratzen. 50 g Butter schmelzen. Eier trennen. Eigelb mit Vanillemark, 30 g Zucker und Salz mit dem Handmixer schaumig aufschlagen. Mehl und Milch nach und nach unterrühren, dann die Butter und Rosinen dazugeben. Eiweiß steif schlagen und mit einem Teigspatel vorsichtig unterheben.

10 g Butter in einer beschichteten Pfanne zerlassen und den Teig jeweils ca. 1 cm hoch eingießen. Bei mittlerer Hitze ca. 10 Min. goldgelb ausbacken, in mundgerechte Stücke teilen und mit 30 g Zucker und Mandeln karamellisieren. Kaiserschmarrn mit Puderzucker bestäuben.

3 KARTOFFELSCHMARRN

6 Eier / 80 g Butter / 100 g Mehl / 150 ml Milch / 1 TL Muskat / Salz / 5 Zweige Thymian / 5 Stiele Majoran / 400 g vorwiegend festkochende Kartoffeln

Eier trennen. Eigelbe mit 20 g Butter, Mehl und Milch in einer Schüssel verrühren und mit Muskat und Salz würzen. Teig 30 Min. quellen lassen. Thymian- und Majoranblättchen fein hacken.

Kartoffeln mit Schale (am besten am Vortag) in Salzwasser ca. 20 Min. kochen. Dann pellen, grob reiben und mit den Kräutern und dem Teig vermischen. Eiweiße steif schlagen und darunter heben.

Teig in einer beschichteten ofenfesten Pfanne mit 30 g Butter bei mittlerer Hitze 4 Min. backen. Im Backofen bei 180 °C 10 Min. fertig backen. Warmen Kartoffelschmarrn in grobe Stücke teilen, 30 g Butter dazugeben und schmelzen lassen.

2 KAISERSCHMARRN MIT APFELKOMPOTT

1 kg Äpfel (z. B. Elstar, Boskop) / 1 Vanilleschote / 1 Bio-Zitrone / 50 g Butter / 3 EL Rohrohrzucker / 30 ml Dessertwein (z. B. Vin Santo) / Kaiserschmarrn

Äpfel schälen und in Stücke schneiden. Mark aus der Vanilleschote kratzen. Schale der Zitrone abschälen und auspressen. Butter in einem Topf aufschäumen. Zucker, Vanillemark und Schote zugeben und karamellisieren lassen. Apfelstücke zufügen, kurz mitbraten.

Mit Wein ablösen, Zitronenschale und -saft zufügen und alles bei mittlerer Hitze 10–15 Min. köcheln lassen, ab und zu umrühren. Zitronenschale entfernen. Kaiserschmarrn mit Apfelkompott servieren.

4 GRIESSSCHMARRN MIT ROTER GRÜTZE

30 g Rosinen / 1 EL Rum / ½ Vanilleschote / 500 ml Milch / 30 g Zucker / 100 g Butter / ½ Bio-Zitrone / 180 g Hartweizengrieß / 2 Eier / Rote Grütze (S. 163)

Rosinen 30 Min. in Rum einlegen. Mark aus der Vanilleschote kratzen, mit Milch, Zucker und 50 g Butter in einen Topf geben und aufkochen. Zitronenschale hinein reiben. Grieß einrühren. Eier verquirlen und dazugeben. Bei schwacher Hitze unter Rühren garen, bis die Masse eindickt. Rosinen unterrühren.

Grießbrei in mundgerechte Stücke teilen, mit 50 g Butter in Flöckchen in eine Auflaufform geben und im Ofen bei 180 °C 25–30 Min. backen. Grießschmarrn mit Roter Grütze servieren.

MEIN ♥-REZEPT

5 TOPFENSCHMARRN MIT ZWETSCHGEN-RÖSTER

3 Eier / 100 g Sahne / 125 g Topfen / 1 Pck. Vanillezucker /
80 g Mehl / 40 ml Milch / 150 g Zucker / 50 g Butter /
500 g Zwetschgen / ½ Zitrone / ½ Vanilleschote / ½ Zimtstange / 30 ml Dessertwein / 1 TL Speisestärke

Eier trennen. 2 Eigelbe mit Sahne, Topfen und Vanillezucker verrühren. Mehl und
Milch zufügen. 3 Eiweiß mit 50 g Zucker steif schlagen und unterheben. Auflaufform
mit Butter einfetten, Teig einfüllen und im Ofen bei 180 °C 25–30 Min. backen. Nach
15 Min. Teig wenden. Schmarrn in Stücke teilen. 30 g Zucker in einer beschichteten
Pfanne schmelzen lassen, Butter zugeben und den Schmarrn darin karamellisieren.

Für den Röster Zwetschgen vierteln und in eine Auflaufform legen. Zitrone darüber
auspressen. Mark der Vanilleschote auskratzen, beides mit 70 g Zucker und der Zimtstange dazugeben. Wein darüber träufeln, im Ofen bei 180 °C 15–20 Min. garen und
in ein Sieb abgießen. Den Sud mit Stärke binden.

PFANNKUCHEN

PFANNKUCHEN

8 Eier / 50 g Zucker / 2 Pck. Vanillezucker / 600 ml Milch / 200 ml Mineralwasser / 500 g Mehl / 2 TL Backpulver / 1 TL Salz / 100 g Butterschmalz

Eier mit Zucker cremig aufschlagen und mit Milch und Mineralwasser verrühren. Nach und nach Mehl und Backpulver dazugeben, salzen und alles zu einem
glatten Teig rühren. Den Teig 15 Min. ruhen lassen.

Teig mit einer Schöpfkelle portionsweise in eine beschichtete Pfanne mit
Schmalz gießen und die Pfannkuchen von jeder Seite braun ausbacken.

APFELPFANNKUCHEN

Pfannkuchenteig / 4 säuerliche Äpfel
(z. B. Boskoop, Holsteiner Cox) /
100 g Butterschmalz / 8 EL brauner
Zucker

Äpfel in Scheiben schneiden und in einer beschichteten Pfanne mit Schmalz
bei mittlerer Hitze 1 Min. anbraten.
Mit 4 EL Zucker karamellisieren.

Den Teig mit einer Schöpfkelle
darüber gießen und die Pfannkuchen
von jeder Seite braun ausbacken. Mit
4 EL Zucker bestreuen.

MEIN ♥-REZEPT

SPECKPFANNKUCHEN

Pfannkuchenteig / 400 g durchwachsener Speck / 100 g Butterschmalz

Pfannkuchenteig ohne Zucker zubereiten. Speck von der Schwarte
befreien, in dünne Scheiben
schneiden und in einer beschichteten Pfanne mit Schmalz bei mittlerer Hitze 1 Min. anbraten.

Den Teig mit einer Schöpfkelle
darüber gießen und die Pfannkuchen von jeder Seite braun ausbacken.

LACHS-KÄSE-PFANNKUCHEN

Pfannkuchenteig / 100 g Butterschmalz / 400 g Frischkäse / 400 g geräucherter Lachs in Scheiben / 8 Stiele
Basilikum

Pfannkuchenteig ohne Zucker zubereiten.
Teig mit einer Schöpfkelle portionsweise
in eine beschichtete Pfanne mit Schmalz
gießen und die Pfannkuchen von jeder
Seite braun ausbacken.

Pfannkuchen mit Frischkäse bestreichen, mit Lachsscheiben belegen und mit
Basilikumblättern garnieren.

PANCAKE

Pfannkuchenteig / 100 g Butterschmalz / 10 EL Ahornsirup

Pfannkuchenteig zubereiten, an-
statt Milch Buttermilch verwenden. Teig mit einer Schöpfkelle
portionsweise in eine beschichtete
Pfanne mit Schmalz gießen und
die Pfannkuchen von jeder Seite
braun ausbacken. Pancakes mit
Ahornsirup übergießen.

WAFFELN

2 **SCHOKO-NUSS-WAFFELN MIT PREISELBEERSAHNE**

200 g Butter / 200 g Zucker / 4 Eier / 150 g Mehl / 150 g Speisestärke / 1 TL Backpulver / 50 g gemahlene Haselnüsse / 5 EL Milch / 50 g Zartbitter-Kuvertüre / 150 g Wildpreiselbeeren / 250 g Sahne

Butter, Zucker und Eier in eine Rührschüssel geben und mit dem Handmixer gut verquirlen. Mehl, Speisestärke, Backpulver und Nüsse abwechselnd mit der Milch in den Teig rühren. Kuvertüre reiben und unter den Teig heben. Das Waffeleisen mit Butter einfetten, die Waffeln goldbraun ausbacken und auf einem Kuchengitter auskühlen lassen.

Preiselbeeren abtropfen lassen. Sahne steif schlagen. Beides vorsichtig miteinander vermengen.

1 **WAFFELN MIT HEISSEN KIRSCHEN**

250 g Butter / 4 Eier / 200 g Sahne / 100 g Zucker / 1 Pck. Vanillezucker / 250 g Mehl / 2 EL Backpulver / 1 Glas Sauerkirschen / 1 EL Speisestärke / ½ Vanilleschote / 1 EL Kirschwasser

Butter mit dem Handmixer schaumig schlagen. Eier trennen. Erst Eigelbe, Sahne, Zucker und Vanillezucker, dann Mehl und Backpulver mit der Buttercreme verrühren. Eiweiße steif schlagen und unter den Teig heben. Das Waffeleisen mit Butter einfetten, die Waffeln goldbraun ausbacken und auf einem Kuchengitter auskühlen lassen.

Das Glas Sauerkirschen in einen Topf gießen. Davon 4 EL Kirschsaft abnehmen und mit der Speisestärke verrühren. Mark aus der Vanilleschote kratzen, beides mit dem Kirschwasser in den Topf geben. Angerührte Stärke unterrühren, aufkochen und bei mittlerer Hitze 3 Min. köcheln lassen.

3 MANDEL-MARZIPAN-WAFFELN

100 g Marzipanrohmasse / 1 Bio-Zitrone /
150 g Butter / 3 Eier / 150 g Zucker / 250 g Weizenmehl / 2 TL Backpulver / 100 g Sahne / 50 g Mandelblättchen / 4 EL Puderzucker

Marzipan klein schneiden, Zitronenschale abreiben. Beides mit Butter, Eiern und Zucker in eine
Rührschüssel geben und mit dem Handmixer auf
höchster Stufe verquirlen. Mehl und Backpulver
abwechselnd mit der Sahne in den Teig rühren. Die
Mandelblättchen unterheben.

   Das Waffeleisen mit Butter einfetten, die Waffeln
goldbraun ausbacken und auf einem Kuchengitter
auskühlen lassen. Mit Puderzucker bestäuben.

4 BELGISCHE WAFFELN

½ Vanilleschote / 250 g Butter / 4 EL Rohrohrzucker /
1 Pr. Salz / 6 Eier / 250 g Weizenmehl / 125 g Crème
fraîche / 4 EL Puderzucker

Mark aus der Vanilleschote kratzen und mit Butter, Zucker
und Salz mit einem Handmixer gut verrühren. Eier im heißen Wasserbad schaumig schlagen. Mehl sieben. Abwechselnd die Eiermasse und das Mehl unter die Butter rühren.
Crème fraîche unterheben.

   Das Waffeleisen mit Butter einfetten, die Waffeln goldbraun ausbacken und auf einem Kuchengitter auskühlen
lassen. Mit Puderzucker bestäuben.

5 QUARKWAFFELN

1 Bio-Zitrone / 125 g weiche Butter / 100 g Rohrohrzucker / 1 Pck. Vanillezucker / 3 Eier /
125 g Magerquark / 200 g Mehl / 1 EL Backpulver /
75 ml Milch / 4 EL Puderzucker

Zitronenschale abreiben und mit Butter, Zucker,
Vanillezucker und Eier in eine Rührschüssel geben
und mit dem Handmixer gut verquirlen. Quark
unterrühren. Zuletzt Mehl und Backpulver abwechselnd mit der Milch mit dem Teig vermischen.

   Das Waffeleisen mit Butter einfetten, die Waffeln
goldbraun ausbacken und auf einem Kuchengitter
auskühlen lassen. Mit Puderzucker bestäuben.

MEIN ♥-REZEPT

OBSTSALAT

BUNTER OBSTSALAT

2 Äpfel / 1 Birne / 2 Bananen /
1 Rispe rote Trauben / ½ Zitrone /
1 Orange

Äpfel und Birne ungeschält in
mundgerechte Stücke, Bananen
in Scheiben schneiden. Trauben
halbieren. Alles in eine Schüssel
geben und die Zitrone darüber
auspressen.

Orange über der Schüssel schälen, sodass der Saft aufgefangen
wird. Klein schneiden und unter
den Salat mischen.

EXOTISCHER OBSTSALAT

¼ Melone (z. B. Honig, Galia, Canta-
loupe) / ¼ Ananas / 1 Mango /
1 Kiwi / ½ Zitrone / ½ Granatapfel /
1 Orange

Melone, Ananas, Mango und Kiwi in
mundgerechte Stücke schneiden und
in eine Schüssel geben. Zitrone darüber auspressen. Kerne aus dem
Granatapfel herauslösen und zum
Obst geben.

Orange über der Schüssel schälen,
sodass der Saft aufgefangen wird.
Klein schneiden und unter den Salat
mischen.

BANANENQUARK MIT BEEREN

1 Banane / ½ Zitrone / 1 Orange /
250 g Erdbeeren / 50 g Himbeeren /
400 g Magerquark / 250 g Sahne /
2 EL Zucker

Banane mit einer Gabel zerdrücken
und in eine Schüssel geben. Zitrone
darüber auspressen. Orange über
der Schüssel schälen, sodass der Saft
aufgefangen wird, und kleinschneiden.
Erdbeeren vierteln, Himbeeren etwas
zerdrücken.

Alles mit dem Quark in die Schüs-
sel geben und umrühren. Sahne mit
Zucker steif schlagen und unter den
Quark heben.

SOMMERBEEREN-PFIRSICH-SALAT

2 Pfirsiche / 500 g Sommerbeeren (z. B. Erd-
beere, Johannisbeere, Heidelbeere, Brom-
beere) / 1 EL Butter / ½ Vanilleschote /
2 EL Rohrrohrzucker / 3 EL Amaretto

Pfirsiche in mundgerechte Spalten, Beeren klein
schneiden. Butter in einer Pfanne schmelzen.
Pfirsiche darin kurz andünsten. Mark der Vanilleschote auskratzen und mit der Schote zu den
Pfirsichen geben.

Beeren zufügen und kurz durchschwenken.
Mit Zucker karamellisieren und mit Amaretto
ablöschen. Vanilleschote entfernen.

ERDBEER-MINZ-SALAT MIT PISTAZIEN

500 g Erdbeeren / ½ Zitrone / 4 Minzblätter /
20 g Puderzucker / 2 EL Orangenlikör (z. B. Cointreau) / 2 EL Pistazien / 4 EL Zucker

Erdbeeren vierteln und in eine Schüssel geben.
Zitrone darüber auspressen. Minzblätter fein hacken,
mit dem Puderzucker und Likör hinzugeben und
alles mischen. Obstsalat ca. 15 Min. ziehen lassen.

Pistazien grob hacken und in einer Pfanne
rösten. Mit Zucker karamellisieren und über den
Obstsalat geben.

MEIN ♥-REZEPT

SMOOTHIES

BEEREN-SMOOTHIE

600 g Erdbeeren / 4 Orangen /
1 Vanilleschote / 100 g Himbeeren / 100 g Blaubeeren / 400 ml
Mineralwasser / 4 EL Honig

Bei den Erdbeeren die Stiele herausschneiden, die Orangen auspressen, das Mark der Vanilleschote herausschaben. Alle
Zutaten in einen Standmixer geben und auf höchster Stufe fein
pürieren. Je nach Geschmack
Honig hinzufügen.

APRIKOSEN-ANANAS-SMOOTHIE

600 g Aprikosen / 1 Ananas /
15 g Ingwer / 300 ml Mineralwasser /
3 EL Agavendicksaft

Aprikosen und Ananas in grobe
Stücke schneiden. Ingwer fein hacken.
Alles mit Mineralwasser in einen
Standmixer geben und auf höchster
Stufe pürieren. Nach Geschmack mit
Agavendicksaft nachsüßen.

MÜSLI-SMOOTHIE

3 kleine süße Äpfel (z. B. Cox Orange) / 2 Birnen (z. B. Williams
Christ) / 20 Haselnüsse / 8 EL Schoko-Müsli / 1 TL Zimt / 500 ml Vollmilch / 300 ml Mineralwasser /
2 EL Honig

Äpfel und Birnen mit Schale vierteln.
Die Haselnüsse knacken. Alle Zutaten
in einen Standmixer geben und auf
höchster Stufe fein pürieren. Je nach
Geschmack Honig hineinrühren.

MANGO-BANANEN-SMOOTHIE

20 Eiswürfel / 2 Mangos / 2 Bananen / 4 große gelbe Pfirsiche / 1 Limette

Die Eiswürfel mit einem Mixer crushen und beiseite legen. Das Obst in grobe Stücke schneiden. Die Limette auspressen. Alles in einen Standmixer geben und auf höchster Stufe fein pürieren. Eiswürfel hinzugeben und den Smoothie cremig mixen.

SPINAT-GRAPEFRUIT-SMOOTHIE

1 Salatgurke / 2 Grapefruits / 2 cm Ingwer / 400 g Blattspinat / 300 ml Mineralwasser / 3 EL Agavendicksaft

Die Gurke mit Schale und die Grapefruits in große Stücke schneiden. Ingwer fein reiben. Alle Zutaten mit einem Stabmixer fein pürieren. Je nach Geschmack mit Agavendicksaft nachsüßen.

MEIN ♥-REZEPT

185

400 MAL LECKER
VON A WIE AIOLI BIS Z WIE ZWETSCHGEN–CRUMBLE

Bildquellen

Fotolia: HLPhoto (Umschlag, S. 66, 67, 90, 91, 104, 105), flas100 (S. 4, 5, 6, 7, 8, 9, 10, 11, 12, 13, 30, 31, 96, 97, 112, 113, 130, 131, 134, 135, 172, 173), reichdernatur (S. 16, 17, 34, 35, 116, 117, 136, 137, 174, 175), nadianb (S. 18, 19, 76, 77, 128, 129, 144, 145, 168, 169), tirachard (S. 22, 23, 26, 27), vulcanus (S. 32, 33, 74, 75, 92, 93, 108, 109, 124, 125, 166, 167), pattarasiri virayasi (S. 38, 39, 140, 141, 170, 171, 184, 185), pixelkorn (S. 40, 41, 98, 99, 182, 183), slava (S. 42, 43, 70, 71), weixx (S. 44, 45), Mara Zemgaliete (S. 46, 47, 162, 163), Bits and Splits (S. 48, 49, 94, 95), maglara (S. 50, 51, 102, 103, 160, 161, 164, 165), fotofund (S. 56, 57), tushar2208 (S. 58, 59), psdesign1 (S. 60, 61, 84, 85), Maya Kruchancova (S. 62, 63, 120, 121, 142, 143), natashamam35 (S. 64, 65, 100, 101 180, 181), stockphoto-graf (S. 68, 69), Dmytro Synelnychenko (S. 72, 73, 88, 89), hakinmhan (S. 78, 79, 182, 183), bmf-foto.de (S. 80, 81, 118, 119), pavelalexeev (S. 82, 83), T.Sander (S. 86, 87), John Smith (S. 110, 111), karandaev S. 114, 115, 146, 147, 150, 151), magdal3na (S. 148, 149), xamtiw (S. 152, 153), Weedezign (S. 156, 157), san_ta (S. 158, 159), arayabandit (S. 176, 177), Stillfx (S. 178, 179) — istockphoto: sorendls (Schmutztitel, S. 52, 53, 122, 123), sayhmog (S. 20, 21), noppadon_sangpeam (S. 24, 25), Thomas Vogel (S. 28, 29), narloch-liberra (S. 126, 127, 132, 133)

1. Auflage 2017

Redaktion Michael Albrecht
Rezepte und Texte Olivia Verlag und Kerstin Bohmann (S. 66/67, S. 137: Rezept 4), Carsten Hammerschmidt (S. 92: Rezept 2), Felix Wessler (S. 174/175)
Herausgeber Michael König

Kochhelden Kerstin Bohmann, Annkatrin Crone, Sirous Dehgani, Magdalena Felchnerowska, Markus Huf, Michael König, Johanna Mohammed, Alexander Reising, Daniel Rohlff, Nicola Sazdanov, Melanie Schüle, Semra Yokaribas
Fotos Adelina Hartmann, 089-Photoshootings, München
Foodstyling Michael König, Kathrin Steinbeck
Stockfotos siehe „Bildquellen", S. 191

Making-of-Fotos Michael König, Kathrin Steinbeck
Gestaltung Andrea Wong, Hannover
Bildbearbeitung Werner Heiber, 089-Photoshootings, München
Lektorat & Korrektorat Kirsten Albrecht, Andrea Schefold, Kathrin Steinbeck
Druck & Bindung Firmengruppe APPL, aprinta druck, Wemding

© 2017 Olivia Verlag München

ISBN 978-3-9814-5662-2

Olivia Verlag e.K.
Frickastraße 14
80639 München

olivia-verlag.de
leckerhoch5.de